核心素养与课程发展丛书

道德与法治学科核心素养研究

总主编 崔允漷

沈晓敏 赵孟仲 程力 等著

Research on Core Competencies of Morality and Law

华东师范大学出版社
·上海·

图书在版编目(CIP)数据

道德与法治学科核心素养研究/沈晓敏等著. —上海：华东师范大学出版社，2022
(核心素养与课程发展丛书)
ISBN 978-7-5760-2435-7

Ⅰ.①道… Ⅱ.①沈… Ⅲ.①政治课—教学研究—高中 Ⅳ.①G633.202

中国版本图书馆 CIP 数据核字(2022)第 037326 号

本书由上海文化发展基金会图书出版专项基金资助出版
"十三五"国家重点出版物出版规划项目

核心素养与课程发展丛书
道德与法治学科核心素养研究

著　　者	沈晓敏　赵孟仲　程　力　等
责任编辑	朱小钗
特约审读	秦一鸣
责任校对	胡　静　时东明
装帧设计	王　隽

出版发行　华东师范大学出版社
社　　址　上海市中山北路 3663 号　邮编 200062
网　　址　www.ecnupress.com.cn
电　　话　021-60821666　行政传真 021-62572105
客服电话　021-62865537　门市(邮购)电话 021-62869887
地　　址　上海市中山北路 3663 号华东师范大学校内先锋路口
网　　店　http://hdsdcbs.tmall.com

印 刷 者　上海商务联西印刷有限公司
开　　本　787 毫米 × 1092 毫米　1/16
印　　张　12
字　　数　193 千字
版　　次　2022 年 7 月第 1 版
印　　次　2025 年 1 月第 5 次
书　　号　ISBN 978-7-5760-2435-7
定　　价　38.00 元

出 版 人　王　焰

(如发现本版图书有印订质量问题，请寄回本社客服中心调换或电话 021-62865537 联系)

执笔者一览

沈晓敏：第一章　第四章　第五章　第八章
赵孟仲：第二章　第五章　第八章
程　力：第四章　第七章
吴　璇：第三章
张　婷：第六章

核心素养与课程发展丛书总序

从 2014 年教育部出台《关于全面深化课程改革落实立德树人根本任务的意见》至今,如果统计近年来教育话语中的高频词,"核心素养"即使不是排位第一,也一定能进前三。无论是教育行政部门,还是教育研究者和中小学教师,甚至是关注教育的公共媒体,若言不及"核心素养",似乎就有 out 或 low 之嫌。就个人视野所及,多年来还没有哪个教育概念能够像核心素养这样甫一亮相就吸引如此众多的眼球,着实令人惊讶!

在东方文化圈里,"素养"向来是一个好词,比起引译自英语中的 skill、competence、literacy 等词的"技能"、"胜任力"或"读写能力",其所指的内涵着实不知好多少。"素养"深深植根于中国古老的文化传统之中,与国人心底深处积淀的文化心理传统高度吻合;它几乎就是"真善美"的另一种表达,代表了人们对人所应当拥有的品质的最高期望。作为一个人,得拥有人所应有的素养,作为某一具体领域的学习者或实践者,在这一领域的素养也就是其发展的最高目标。更重要的是,它是可教可学的,是后天发展的,是每个人都可欲的。每个人都可以通过素养的发展而被"树",促进素养的发展是"立德树人"的可靠途径。这也许就是"素质教育"历经多年争议才慢慢被接受,而"素养"刚一亮相就被热烈拥抱的原因之所在吧。

素养代表着人之所欲,因而它是一个社会历史文化概念,其内涵取决于它所根植的社会历史文化背景。在不同的社会历史文化背景中,素养的内涵也即人们所欲的具体指向可能各不相同。尽管"核心素养"可以指素养结构中居于核心地位或具有统摄功能的成分,但也可以是——在当前的语境中它甚至应该是——我们所欲的素养列表中占据优先位置的那些成分,是特定社会历史文化背景中价值选择的结果。不过,无论其具体的内容是什么,有一点是确定的,即素养比我们当今教育所关注的知识、技能等要更高级,是知识、技能、方法、态度、价值观的整合与提升,是能够在真实情境的问题解决中外显出来的行为;核心素养更是能够统摄我们所期望发展的"必备品格、关键能力和重要观念",其必然处于素养结构的最上位,处于素养列表的最优先位置。核心素养界定了学生发展最重要的和最优先的目标,也界定了学校教育最重要和最优先的目标。当"核心素养"作为一个育人目标观念出现时,我们的学校教育就面临了巨大的挑战。

我们的学校教育为指向核心素养发展的教育做好准备了吗?

为了推动指向核心素养的教育变革,学校教育所需要的准备必然是多方面的。若如美国课程专家波帕姆所言,课程、教学和评价是教育这一游戏中的三个最重要的竞技场,那么,指向核心素养的教育一定需要学校在这些核心领域做出巨大的努力。然而,学校教育所需要的准备不全然是学校的责任。学校教育需要国家政策的指引,同样需要多领域学术上、专业上的支持。学界有责任有义务发展与核心素养框架下的课程、教学和评价相关的知识基础,以为学校开展指向核心素养的教育提供坚实的专业支撑。作为教育部人文社会科学重点研究基地,华东师范大学课程与教学研究所主动担起了发展基于核心素养的教育改革的知识基础的责任。在教育部明确提出要建立"中国学生发展核心素养体系"后,我们主动调整了教育部人文社会科学重点研究基地"十三五"规划重大项目的研究方案,结合我们在课程研究上的传统优势,将9个重大项目纳入"核心素养与课程发展"的大观念之下,试图发展核心素养框架下课程领域的新的知识基础。这套丛书就是我们在这样的背景下所做出的努力之一。

本套丛书所关注的是当前我国基础教育"全面深化课程改革,落实立德树人根本任务"的重点与难点问题,均属于开创性的研究项目。既涉及核心素养视野中的课程一般理论研究,如"儿童研究""学校课程实施过程研究"等,也涉及课程实践研究,如"课堂评价",还涉及课程政策的研究,如"高中多样化与高考改革""学业负担监测与公告""学校课程与教学质量监测"等;既涉及核心素养视野中一般的课程理论和实践研究,也涉及具体学科核心素养的探究性、前沿性研究,如数学、科学、品德等三门学科的核心素养模型和测评研究。总体上看,虽不是很系统,但都关涉核心素养教育中课程、教学、评价领域的核心问题。

这套丛书能够顺利出版,需要感谢的人很多!如果将本套丛书视为一颗待君品尝的果实,那么华东师范大学课程与教学研究所承担的9个重大项目的每一支团队就是辛勤的果农,没有他们的努力和辛勤劳动,这颗果实不可能如此硕大甜美!华东师范大学出版社王焰社长、彭呈军分社长和王冰如等编辑负责对这颗果实进行深加工和包装推广,是他们的专业工作使得这颗果实得以走出果园,为更多人所知!当然,我们还要感谢在这颗果实培育和面世的过程中给予帮助的诸多奉献者,感谢研究过程中的诸多合作者!感谢教育部社会科学司为上述研究项目提供资助!

崔允漷

2017年3月26日

前　言

我们对道德与法治核心素养的探讨开始于2011年版义务教育课程标准（2001年版的修订版）发布不久，当时道德与法治课程在各学段的名称还是"品德与生活"（1—2年级）、"品德与社会"（3—6年级）、"思想品德"（7—9年级），因此最初的研究名称为"义务教育阶段思想品德类学科核心能力模型与测评框架研究"。最初，我们将身份认同、道德判断、社会问题解决作为思想品德学科的核心能力。随着法治教育的加强，小学和初中思想品德类学科的名称统一改称为"道德与法治"，我们对研究思路和内容进行了重新调整。最终提出由身份认同、道德判断、冲突解决构成的道德与法治学科核心素养框架，这一核心素养框架的提出基于以下理想、理念和依据（本书"核心素养"与"核心能力""关键能力"为同义词）。

首先，这项研究出于我们对道德与法治（思想品德）学科怀抱的一个理想，即希望通过凝练道德与法治学科核心素养，使这门学科的育人价值更加明晰且易于被教师把握和落实，让学生、家长、教育工作者和整个社会都能切身地感受、深切地领悟其不可替代的育人效果和育人价值，从而使其不再只是被领导重视而实则被边缘化的学科。

我们认同这样一种观点："学科核心素养是在反思学科本质观的基础上，对学科育人价值的凝练"（杨向东），"准确把握学科本质和学科特性是研制学科核心素养的前提"（余文森），"核心素养是全部素养中被精选出来的关键的优先选项，而不是面面俱到的素养'大杂烩'"（褚宏启）；"是个体应具有的起基础和支撑作用的素养"（石鸥）。因此，学科核心素养不适合列出多个大类和多个子项，否则会变成素养"大杂烩"而体现不出"优先性""关键性"和"基础性"，也不易使教育实践者抓住重点和重心。但是对于道德与法治学科来讲,要把握学科本质,提炼关键的优先选项,比其他所有学科都难。因为道德与法治可以说是义务教育所有学科中最复杂的一门。

其复杂性首先表现在学科名称、定位和内容体系的不稳定。"据不完全统计,建国后我国中学思想政治课程教材变动30多次,其中发生在1976年以后的变化,就有10多次"(严伯霓)。2002年才重组的"品德与生活"(1—2年级)、"品德与社会"(3—6年级)、"思想品德"(7—9年级)三门课程在仅15年后就改名为"道德与法治"。而且这些学科有时被统称或简称为政治课、思政课,有时被称为思品课、德育课,有人还把它们视作社会课、公民课,这些称呼经常混用。

有不少德育研究者指出,课程目标和内容的不稳定所带来的结果是课程内容变得越来越"丰富",使德育课程变成"什么都可以往里装的筐"(陈桂生),道德教育、法治教育、心理教育、生命教育、国家安全教育、传统文化教育、金融理财教育等等,几乎无所不包。对此,檀传宝指出:"我国德育课程的内容一直注意联系国家政治生活现实,这是优点。但是伴随这一优点的是课程内容很多属于一时一地的政策性问题,缺乏科学性的筛选。"当一门课程无所不包时,它往往会失去自己的特性。频繁的变动与内容的庞杂,严重影响教师对德育课程本质和教育教学方法的把握,影响课程实施的有效性,使德育课程的价值难以为学生、家长和整个社会真切地感知到。为此,德育课程的稳定性一直是德育研究者和实践者的诉求,专家们为此也支过各种招。如檀传宝提出"思想政治课教材的双轨制"设想,将教材中相对稳定的内容编写成为一套"硬教材",争取若干年相对不变;将教材中稳定性较差的时事、政策性内容按年级编写成为常变常新的"软教材"(可采取活页形式)。"这样既可以保证教材的科学性和稳定性,也可以保证学校德育理论联系实际目标的实现"。

我们认为,这种德育课程"双轨制"的设想是值得讨论并予以发展的。我们确实要正视这样一个现实:德育课程在中国是一门讲政治、重思想的课程,同时又是涵盖社会生活各个领域的综合课程,担负着多种教育功能。它有与时俱进、常变常新的部分,但也要有相对稳定的目标和内容。常变常新是我国德育课程的特色,而稳定的课程目标和内容也彰显着德育课程独特的育人价值和育人效果。

经过几年的摸索,基于对核心概念内涵、学科特性、国际共识和相关教育理论四个方面的研究,我们认为身份认同、道德判断与冲突解决这三大核心素养可以体现道德与法治学科那部分稳定的学科本质特性和育人价值。而且这三个核心素养具有丰富而成熟的理论依据,尤其是关于身份认同和道德判断的理论历久弥新。

身份认同理论奠基近百年来,大量研究已经证实,身份认同对个体和群体的健康发展都至关重要;而青少年儿童阶段是身份认同形成的关键时期。积极的身份认同孕育个体的自尊自信、意义感和归属感,促进群体内和群体间的和谐互惠;消极的身份认同使人迷茫彷徨、丧失信心,从而易于带来心理疾病、犯罪倾向,甚至引发群体内和群体间的冲突和战争。可见,身份认同决定了人们如何处理与自身、他人、群体的关系,使人得以判断什么是有价值的、什么是应当做的、什么是应当与之抗争的——因此,积极的身份认同是塑造一个健全的、有道德判断力的人格的基本条件,也是维护社会安定、确保共同体福祉、增强族群凝聚力、促进世界和平发展的重要基础。这意味着引导青少年儿童形成积极的身份认同,是教育、尤其是道德与法治学科的重要任务。身份认同研究发展至今,已经揭示了其作用机制与形成规律;也因此,身份认同的引导、测评,其危机的诊断均有依据可循、有工具可参考;得益于这些研究成果,身份认同教育在国际上也已有较为成熟的实践经验。在这些理论、工具、经验的支持下,以身份认同作为核心素养的学科育人价值易于被教育者掌握,并生发出有效的教学路径和评价方法。

我国一直以来都极其重视对青少年儿童政治认同和国家认同的塑造。根据身份认同理论,每个人尽管都有着各种身份、角色,但它们都是其同一个身份认同的不同侧面。个体的行为决策来自于其对各个身份不同程度的承诺,这使得有着相同身份的人们在同一情境下可能采取迥异的行为;而消极的自我认同更会使人失去采取积极行为的动力和能力。可见,仅关注青少年儿童的国家、政治认同,无法确保在真实情境下青少年儿童能进行正确的行为决策。因此,我们将身份认同、而不是政治认同,作为道德与法治学科的核心素养之一。道德与法治学科的身份认同教育应当关注身份认同的各个层面,从自我到他人,从班级、学校等小集体到地区、国家等共同体,遵循身份认同的形成规律进行引导,为提升青少年儿童包括政治认同和国家认同在内的整体身份认同水平、正确进行道德判断的能力、塑造健全高尚的人格打下坚实基础。

由于身份认同有积极和消极两种不同作用,而且拥有多种身份的个体在具体真实的情境中会产生身份认同的冲突。那么个体在面临身份冲突的复杂情境时,就需要进行理性的道德(价值)判断,才能做出正确的行为选择。众多研究揭示道德判断能力的发展有其客观规律,是可以通过教育进行干预的,因此,道德判断教育一直存在于国内外德育课程中。道德判断可以说是批判性思维这一21世纪核心技能在道德与法治学科领域的体现,将道德判断能力作为核心素养之一符合世界教育发展的趋势,也符合我国教育界日益重视批判性思维的社会现实。

道德判断能力帮助个体在由多元身份带来的冲突情境中比较、判断、选择更为重要的价值。但判断的结果未必带来正确妥当的行为。在高度复杂的社会生活中,从道德判断到道德践行,还需要依靠冲突解决能力来协调各种社会关系,创造最优的共赢的方案,以最少的代价实现问题的解决,从而促进社会和谐与世界和平。冲突解决能力即解决社会生活问题的能力,是问题解决能力这一国际组织公认的21世纪核心素养在道德与法治学科领域的体现,它包含了人际沟通、协商合作、尊重与同理心、契约精神、情绪控制和创造力等次级能力,涵盖了国际组织和各国列入核心素养框架中的相关素养。在价值冲突和利益冲突更趋复杂的世界中,冲突解决能力已被国际组织纳入21世纪社会每个人必备的关键能力框架中。而这一能力在我国德育课程中尚未得到明确的重视,不过在2016年后出版的道德与法治统编教材中已有触及。

以上概述了本书将身份认同、道德判断和冲突解决作为道德与法治学科核心素养的理由。本书第一章至第四章对它们各自的内涵、影响因素、形成机制,以及作为核心素养的意义、理论基础和现实依据进行详细的分析和论证。核心素养作为育人目标要在教育教学实践中得到真正落实,并且要证明是否得到落实,还必须能够被测评。只有通过测评,把握学生核心素养的发展水平,才能设计和改进教学。为此,本书用三个章节分别阐述身份认同、道德判断和冲突解决三个核心素养的测评问题。由于国内相关研究不足,本研究团队自身也缺乏测评研究的深厚功力,因此我们主要梳理了国际上的相关测评研究和测评工具。我们发现国际上对身份认同水平、道德判断能力和冲突解决能力的测评已经有丰富的研究成果,开发了多种测评框架和工具,我们对其中影响较大的测评框架和工具做了比较详细的介绍,也尝试构建适合本土的测评框架。

本书的最后一章通过两个由我们与一线教师合作设计与实施的课例来阐述指向核心素养的道德与法治教学模式。我们基于情境认知和学习理论、知识迁移理论等阐述核心素养发展的条件和机制,从逆向教学设计、教材开发和情境创设、学习共同体培养三个方面阐述道德与法治课单元教学设计策略。课例1展现的是以生命健康的保障为主题、以电影《我不是药神》为教学材料的单元教学课例。该单元以"如何保障更多人的生命健康"为议题,围绕法与情、拯救生命与保护知识产权、救助少数绝症患者与保障全民生命健康之间的冲突,让学生展开6课时的探讨,在树立学生尊重生命的价值观念、增强依法维护生命健康的态度和能力的过程中,提高道德判断能力和冲突解决能力,同时也增进学生的身份认同。课例2以促进小学生身份认同的积极发展为目标,设计了"认识自己""身份""规则""成长"四个单元,通过引导学生对自己、身边的人、所在的集体进行反思和探索,以儿童哲学的方式就案例进行讨论,逐步认识自身在社会中的位置和可能实现的价值,从而采取相应的行动。

本书所提出的核心素养虽然经过理论论证和实践的检验,但是由于我们自身的局限,身份认同、道德判断和冲突解决的内涵、形成机制还需要根据国情进行更深入细致的研究,本土化的测评框架和工具还有待进一步开发。最后,我们再一次声明以身份认同为基础、以道德判断为中介、以冲突解决为落脚点的核心素养框架体现的是道德与法治学科较为稳定的那一部分育人目标和育人价值。对于担负着诸多教育责任、被寄托厚重教育期望的综合课程来说,这三个核心素养也许不能涵盖其全部的学科本质和特性。但我们仍然相信,身份认同、道德判断和冲突解决这三个核心素养的培养不仅具有时代的迫切性,也将成为这门课程长远而基本的追求。

本书撰写过程中曾因各种原因而搁笔,拖延了完成时间。在此特别感谢崔允漷教授的鼓励和建言,让我重拾信心,重整旗鼓,克服困难完成书稿的撰写。研究过程中,高峡教授、黄建君教授、许瑞芳教授、卢晓晓老师为我们贡献了宝贵的想法和研究资料,再次表示衷心感谢。最后感谢编辑朱小钗女士为本书的出版所做的细致、高效、负责的工作。在此对支持本书出版的所有人表示衷心的感谢!

本书的观点和论证可能存在各种不足和纰漏,衷心期待读者的批评和指正。

沈晓敏

2022年3月

于上海居家隔离中

目 录

第一章　道德与法治学科核心素养的构建依据　　　　　　　　1
　一、学科核心素养的基本内涵　　　　　　　　　　　　　　1
　　（一）核心素养　　　　　　　　　　　　　　　　　　　1
　　（二）学科核心素养　　　　　　　　　　　　　　　　　3
　二、道德与法治学科的本质特性与育人价值　　　　　　　　4
　　（一）道德与法治课程的演变　　　　　　　　　　　　　4
　　（二）促进以品德形成为核心的社会性发展　　　　　　　13
　三、21世纪核心素养的国际共识　　　　　　　　　　　　14
　　（一）OECD的"关键能力三维度"　　　　　　　　　　14
　　（二）欧盟的"关键能力八大领域"　　　　　　　　　　15
　　（三）美澳日的公民关键能力　　　　　　　　　　　　　17
　四、道德与法治学科核心素养架构　　　　　　　　　　　　18

第二章　学科核心素养：身份认同　　　　　　　　　　　　　21
　一、身份认同的内涵　　　　　　　　　　　　　　　　　　21
　　（一）概念解析与理论源流　　　　　　　　　　　　　　21
　　（二）身份认同的作用和形成机制　　　　　　　　　　　24
　二、身份认同教育的国际经验　　　　　　　　　　　　　　26
　　（一）指向教育的身份认同研究　　　　　　　　　　　　27

（二）关注身份认同的国际教育理念　　　　　　　　　　29
　三、中国语境下身份认同教育的内容构成　　　　　　　　　31
　　（一）身份认同与立德树人教育目标的内在关联　　　　　31
　　（二）身份认同与中国学生发展核心素养的内在关联　　　32
　　（三）身份认同与道德与法治课程的内在关联　　　　　　34

第三章　学科核心素养：道德判断　　　　　　　　　　　　　37
　一、道德判断的内涵　　　　　　　　　　　　　　　　　　37
　　（一）道德判断的概念解析　　　　　　　　　　　　　　37
　　（二）道德判断的理论源流　　　　　　　　　　　　　　39
　二、道德判断能力培养的国际经验　　　　　　　　　　　　41
　　（一）道德判断能力培养的教育实践探索　　　　　　　　41
　　（二）国际核心素养理念中的道德判断　　　　　　　　　43
　三、道德判断能力培养的国内经验　　　　　　　　　　　　48
　　（一）道德判断能力培养的国内研究　　　　　　　　　　48
　　（二）道德判断能力培养与中国学生发展核心素养的内在关联　51
　　（三）道德判断能力培养与道德与法治课程的内在关联　　53

第四章　学科核心素养：冲突解决　　　　　　　　　　　　　57
　一、冲突解决的概念内涵　　　　　　　　　　　　　　　　57
　　（一）冲突与冲突解决　　　　　　　　　　　　　　　　57
　　（二）冲突的来源　　　　　　　　　　　　　　　　　　58
　　（三）冲突应对方式　　　　　　　　　　　　　　　　　60
　二、西方对于冲突解决能力的关注和培养　　　　　　　　　62
　　（一）冲突解决能力在当今国际社会备受关注　　　　　　62
　　（二）培养冲突解决能力的教育由来已久　　　　　　　　64
　三、思想品德类学科与冲突解决能力的内在关联　　　　　　67

四、冲突解决能力的内涵与构成　　70
　　　　（一）欧盟和平培训项目中的冲突解决能力模型　　71
　　　　（二）科尔曼的冲突智力模型　　73
　　　　（三）凯西·比克莫尔的学生冲突解决能力构成　　74
　　　　（四）克劳福德和博丁的冲突解决基本能力构成　　75

第五章　身份认同的测评　　78
　　一、自我认同与社会认同的整合　　78
　　二、国内外身份认同测评研究　　80
　　　　（一）自我认同视角　　80
　　　　（二）社会认同和特定社会身份认同视角　　83
　　三、中小学生身份认同的测评　　87
　　　　（一）测评的表征维度与测评方法　　87
　　　　（二）测评的指标维度与测评内容　　88
　　四、基于上蕰联想测评工具的身份认同测评探索　　90
　　　　（一）上蕰联想测评法的原理与特点　　91
　　　　（二）上蕰联想法在身份认同测评中的运用　　94

第六章　道德判断能力的测评　　102
　　一、道德判断能力测评相关研究成果　　102
　　　　（一）道德判断的能力水平理论及其衍变　　102
　　　　（二）道德判断测量方法及其发展　　104
　　二、道德判断能力的表现标准　　107
　　三、当代道德判断能力的测量工具与新思路　　109
　　　　（一）道德判断测验（MJT）　　109
　　　　（二）SOLO层次分类法　　111

第七章 冲突解决能力的测评 　　120

一、国外冲突解决能力一般测量 　　120

（一）托马斯-基尔曼冲突风格测量工具（TKI） 　　121

（二）普特南-威尔逊组织冲突沟通测量工具（OCCI） 　　126

（三）塞尔曼的人际谈判策略工具（INS） 　　130

（四）其他冲突解决测评工具 　　134

二、以中小学生为对象的冲突解决能力测评研究 　　135

（一）约翰逊兄弟的冲突解决教育有效性测评 　　135

（二）运用争议性话题进行测评 　　138

（三）冲突话语测量工具 　　140

（四）新墨西哥州争端中心学生冲突态度测评（SAAC） 　　142

三、学生冲突解决能力测评框架建构 　　144

第八章 指向核心素养的教学设计 　　147

一、核心素养发展的条件和机制 　　147

（一）情境认知与学习理论的主张 　　147

（二）知识迁移与大概念教学 　　150

二、道德与法治课单元教学设计策略 　　151

（一）运用逆向设计思路 　　152

（二）开发教学材料与创设问题情境 　　153

（三）培育合作对话的学习共同体 　　155

三、课例：生命健康的保障——指向道德判断与冲突解决的教学设计 　　157

（一）素材的本体研究 　　157

（二）挖掘材料的教育价值 　　158

（三）确定目标和议题 　　160

（四）加工素材 　　161

（五）设计并实施教学，验证教材的教育价值 　　161

（六）成效与反思 　　162

四 课例：我是谁——指向身份认同的教学设计　　166
　（一）目标框架设计依据：身份认同的重要意义和发展规律　　167
　（二）教学方案设计依据：对话式教学论、情境认知和学习论　　168
　（三）效果评价与反思：身份认同教育对核心素养培育的支持　　169

第一章 道德与法治学科核心素养的构建依据

21世纪初以来,为应对全球化和数字化的急速变化,世界各国基础教育课程改革形成了围绕21世纪核心素养研制课程标准的大趋势。① 我国也顺应这一大趋势,制定、颁布了"以核心素养为纲"的高中课程标准修订方案,每门学科都明确了各自学科的核心素养。随之,义务教育课程标准研制工作也进入了议程。那么,道德与法治学科作为义务教育中的一门基础课程,该如何确立其学科核心素养呢?本研究认为,确立学科核心素养需要遵循以下四个基本原则:第一,符合核心素养的基本内涵;第二,体现本学科的本质特性与育人价值;第三,与国际社会就核心素养形成的共识接轨,符合全球教育发展总趋势;第四,经得起教育学、心理学等领域的科学论证。这四个原则包含了确定学科核心素养的四个依据:概念内涵、学科特性、全球趋势、科学论证。本章将着重阐释前三个依据,为第二、三、四章论证具体的学科核心素养明确基本思路。

一、学科核心素养的基本内涵

(一) 核心素养

关于核心素养和学科核心素养的基本内涵,国内外各种权威机构和学者虽然有不

---

① 参见 European Commision. Recommendation 2006/962/EC of the European Parliament and Council of 18 December 2006 on Key Competences for Lifelong Learning [EB/OL]. (2006 - 12 - 30) [2017 - 06 - 12]. http://europa. eu/legislation_summaries/education_training_youth/lifelong_learning/c11090_en. htm. 和 Griffin, P. McGaw, B. & Care, E. Assessment and Teaching of 21st Century Skill [M]. Dordrecht, NE: Springer, 2012. 以及 Partnership for 21st Century Skills. Framework for 21st Century Learning [EB/OL]. 2014 [2017 - 06 - 12]. http://www. p21. org/about-us/p21-framework.

同的表述,不同学者对核心素养也存在不同见解,但都存在某些共性。本书尊重核心素养已有的丰富研究成果,遵循已获得共识的权威定义,并以此作为讨论本学科核心素养的基础。

"核心素养"一词译自英语 key competence,有时也被译为"关键能力""核心竞争力"等;competence 在新牛津、柯林斯等辞典中被解释为 ability 和 skill,即"能力"。

经济与发展合作组织(Organization for Economic Co-operation and Development,以下简称 OECD)在 2005 年的报告中指出,competence 不仅仅是知识与技能,还包括特定情境中,个体调动和利用种种社会资源(包括各种技能和态度)以满足复杂需要的可能性。而 key competence 则是具有特殊价值、覆盖多个有用领域、人人都需要的能力,也就是说,其选择要符合三项条件:(1)对社会和个体产生有价值的效益;(2)适用于生活的多种领域,在多样化情境中带来益处;(3)不仅对专业工作者重要,而且对所有人都很重要。根据这三项条件,OECD 确立了 key competence 的三个维度:能使用工具沟通互动、能在社会异质群体中互动、能自主行动。[1]

欧盟的一个研究小组在 2005 年发布的报告《知识经济时代的核心素养》中对 key competence 的定义是:一系列知识、技能和态度的集合,是可迁移的、多功能的,是每个人发展自我、融入社会及胜任工作所必须的。[2]

鉴于国际组织对 key competence 内涵的上述界定,我国教育界普遍将其从"关键能力"改译为"核心素养",以突出其"综合性品质"。随后,我国也提出了"中国学生发展核心素养"、高中各学科的核心素养。鉴于这一国情,本书使用"核心素养"来概称"核心能力"、"关键能力"以及"必备品格"等 key competence 的各种译词。不过,本研究在引用文献时将尊重中文作者的翻译,仍使用原译词。

我国研究者在比较、综合国际组织及各国(地区)对核心素养概念内涵的界定之后,根据我国的国情,也纷纷对核心素养作出自己的阐释。如"中国学生发展核心素

---

[1] Organisation for Economic Co-operation and Development. The definition and selection of key competencies: executive summary [EB/OL]. (2005 - 05 - 27) [2020 - 09 - 03]. https://www.deseco.ch/bfs/deseco/en/index/02.html.

[2] European Commission. Proposal for a Recommendation of the European Parliament and of the Council on Key Competences for Lifelong Learning [EB/OL]. (2005 - 11 - 10) [2020 - 09 - 06]. https://eur-lex.europa.eu/legal-content/EN/TXT/?qid=1599370747460&uri=CELEX:52005PC0548.

养"项目组将核心素养界定为:"学生在接受相应学段教育过程中,逐步形成的适应个人终身发展和社会发展需要的必备品格与关键能力。它是关于学生知识、技能、情感、态度、价值观等多方面要求的结合体;它指向过程,关注学生在其培养过程中的体悟,而非结果导向;同时,核心素养兼具稳定性、开放性与发展性等特性,其生成与提炼是在与时俱进的动态优化过程中完成的,是个体能够适应未来社会、促进终身学习、实现全面发展的基本保障。"

还有学者阐释道:"素养是个体在面对复杂的、不确定的现实生活情境时,能够综合运用特定学习方式下所孕育出来的(跨)学科观念、思维模式和探究技能,结构化的(跨)学科知识和技能,世界观、人生观和价值观在内的动力系统,分析情境、提出问题、解决问题、交流结果过程中表现出来的综合性品质。这里的素养不仅仅是思维,还包括价值观念、方法、道德品质、责任心、人际互动等等。"[1]

"核心素养是每个人发展与完善自我、融入社会及胜任工作所必需的基础性素养,是适应个人发展和社会发展所需要的必备品格与关键能力,是个体应具有的起基础和支撑作用的素养。"[2]

虽然表述有所不同,但上述学者都对核心素养形成了如下共识:

第一,核心素养是一种综合品质,简要地说,包含了知识、技能和态度,具体地说,是一个人价值观念、道德品质、思维能力、人际互动能力和问题解决能力等的综合体现。

第二,核心素养是可迁移的,能灵活适应各种不同环境和环境的不断变化,可支持人的终身发展,因而也可以说是具有发展性、开放性和应变性的能力。

第三,核心素养属于高阶素养,能应对复杂情境,将所学知识与具体情境形成灵活关联,解决复杂问题,而不是低端的、机械的、单一的技能。

第四,核心素养是全部素养中被精选出来的关键的优先选项,而不是面面俱到的素养"大杂烩"。[3]

(二) 学科核心素养

关于什么是学科核心素养,我国学者已经有了很多影响广泛并达成共识的论述。

---
[1] 杨向东.基于核心素养的基础教育课程标准研制[J].全球教育展望,2017(10):34—48.
[2] 石鸥.核心素养的课程与教学价值[J].华东师范大学学报(教育科学版).2016,34(01):9—11.
[3] 褚宏启.核心素养的概念与本质[J].华东师范大学学报(教育科学版).2016(1):1—3.

被广为引用的有国家基础教育改革领导小组的专家杨向东的解释:"学科核心素养是在反思学科本质观的基础上,对学科育人价值的凝练,是学生在课程学习中形成的,能够灵活整合学科观念、思维方式、探究模式和知识体系,应对和解决各种复杂的、不确定的现实生活情境的综合性品质。"[1] 课程专家余文森做出更简要的界定:"学科核心素养是学科本质和教育价值的体现,其源自于学科的本质、性质、特点、功能和任务。"[2]

这些阐释符合"核心素养"的前述定义,同时突出了学科核心素养与学科本质观和学科育人价值的关系。简言之,学科核心素养灵活地整合了学科观念、思维方法、探究方式和知识体现,是解决现实生活问题的综合品质,是学科本质和学科育人价值的体现,具有稳定性、基础性、发展性、开放性和应变性。

二、道德与法治学科的本质特性与育人价值

既然核心素养是学科本质和学科育人价值的体现,那么"准确把握学科本质和学科特性是研制学科核心素养的前提"[3]。然而道德与法治这门学科的本质相对而言并不像数学、科学和语文那样比较清晰,因为道德与法治学科相比语文、历史等学科充满了不稳定性[4]。而且小学阶段和初中阶段有不同的演变发展历程,未形成一体化的课程目标和课程内容。对道德与法治学科的本质,目前还未出现权威的达成共识的定论。我们需要从道德与法治学科的演变、理论探讨与国家教育方针政策中发现、凝练某种既有的稳定特性以及未来的发展方向,提炼其学科本质特性和育人价值。

(一)道德与法治课程的演变

"道德与法治"是2016年由初中的"思想品德"、小学的"品德与生活"(1—2年级)和"品德与社会"(3—6年级)改称而来,而这些科目可以追溯到1949年中华人民共和国成立之后设立的政治课。政治课随着政治运动和改革开放,其课程目标、教学内容

---

[1] 杨向东.基于核心素养的基础教育课程标准研制[J].全球教育展望,2017(10):34—48.
[2] 余文森.论学科核心素养的课程论意义[J].教育研究,2018,39(03):129—135.
[3] 余文森.论学科核心素养的课程论意义[J].教育研究,2018,39(03):129—135.
[4] 韩震等.思想品德与思想政治课教学论[M].北京:高等教育出版社,2008:31;肖川.义务教育思想品德课程标准(2011年版)解读[M].武汉:湖北教育出版社,2012:3—4.

和学科名称几经变化,至今有过思想政治(思政)课、思想品德(思品)课、德育课等统称,这些学科名称经常被混用,可见这门学科的不稳定性。2019年党和国家发布一系列加强思政课建设的文件之后,道德与法治课与高中思想政治课被统称为"思政课"。为了与高中思政课有所区分,本书用"思品课"概指道德与法治学科前身曾经用过的所有学科名称。

正如韩震等人所指出的,"新中国成立以来政治课程设置一直处于不稳定的状态,课程设置和教学内容与教学形式频繁变动"。① 即使在改革开放后的40年里,思品学科的名称和课程内容也发生了巨大变化,有研究者称"据不完全统计,建国后我国中学思想政治课程教材变动30多次,其中发生在1976年以后的变化,就有10多次"。② 这种不稳定性可以从表1-1窥见一斑。伴随思品课名称的变化,课程目标和内容也在不停地调整、增删、扩容。

表1-1 (1949～2016年)小学和初中思想品德类学科名称与内容变化一览表

开设起始年	初中思想品德课目名称	小学品德课名称
1949	政治 初一初二:毛泽东少年时代、青年修养、革命故事、中苏关系、土改问题、五四运动、抗美援朝问题 初三:中国革命和中国共产党、中国四大家族、中国革命读本	政治课 (设在高年级,时而开设时而取消)
1951	中国革命常识、时事政策	
1954	中国革命常识、时事政策、卫生常识	
1957	以反右斗争为中心的社会主义思想教育运动	
1958	社会主义教育	
1959	政治常识、时事政策	
1961	中国革命和中国共产党、道德品质教育、社会发展简史、辩证唯物主义常识	
1963	道德品质教育、时事政策 社会发展简史、时事政策 中国革命和建设、时事政策	

---

① 韩震等.思想品德与思想政治课教学论[M].北京:高等教育出版社,2008:31.
② 严伯霓.义务教育思想品德课程标准(2011年版)解读[M].武汉:湖北教育出版社,2012:3—4.

续 表

开设起始年	初中思想品德课目名称	小学品德课名称
1964	时事政策、选读毛泽东著作、做革命接班人、社会发展简史、我国社会主义革命和建设、辩证唯物主义常识	
1980	青少年修养、政治常识、社会发展简史	
1982	青少年修养、社会发展简史	
1986	公民(初一) 社会发展简史 中国社会主义建设常识	思想品德 以"五爱"为基本内容,围绕若干德目组织教学内容
1992	思想政治 (公民、社会发展简史、中国社会主义建设常识)	思想品德课之外,部分地区中高年级开设社会课
1996—1997	思想政治 (良好心理品质、高尚道德情操和正确思想方法、法律常识、社会发展简史和基本国情)	社会课在全国推行
2002	思想品德 (成长中的我,我与他人关系,我与集体、国家和社会的关系)	品德与生活(1—2年级) 品德与社会(3—6年级)
2016	道德与法治 (课程内容结构基本未变,强化法治教育、传统文化教育等。8年级下册为法治专册)	道德与法治 (课程内容结构基本未变,强化法治教育、传统文化教育等。6年级上册为法治专册)

* 因"文革"十年基础教育课程陷入非正常状态,在此期间受到官方否定,故此表排除"文革"(1966—1975年)时期发生的变化。

* 本表主要依据以下文献制作:课程教材研究所编《20世纪中国中小学课程标准、教学大纲汇编:自然·社会·常识·卫生卷》与《20世纪中国中小学课程标准、教学大纲汇编:思想政治卷》,人民教育出版社:2001。

思品课的演变大致可以分为四个时期,梳理思品课的演变便于我们认清道德与法治学科的本质特性和育人价值。

1. 1949 年至 20 世纪 70 年代末:泛政治化阶段

1949 年中华人民共和国成立不久,人民政府便开始有计划、有步骤地改造旧时代的教育制度和教育内容,将民国政府设立的公民、社会、党义等学科彻底清除出社会主义学校,在中学设立了政治课。"新开设的政治课是以配合当时的政治运动和社会改造为主对青年学生进行教育",[1]"主要目的是逐步建立革命人生观,树立社会主义政治方

---

[1] 刘强. 思想政治学科教学新论[M]. 北京:高等教育出版社,2009:15.

向"。由于全国大部分地区刚解放,课程没有统一,到1951年6月教育部才统一了全国的政治课,各年级政治课名称改为具体学科名称,初三为"中国革命常识",高二为"社会科学基础知识",高三为"共同纲领",初一到高三均设"时事政策"课。至此新中国中学的政治课正式起步。这一背景解释了中学品德课为何至今仍然被称为政治课的原因。

之后,国家频繁颁布了一系列有关中学政治课的通知和规定,直至1966年"文化大革命"爆发,初中先后开设过"中华人民共和宪法""青年修养""政治常识""社会发展简史""道德品质教育""中国革命和建设"等等科目,这些科目名称反映了这个时期政治课的内容范围。1966年"文化大革命"开始之后的十年,学校教育的一切工作都被要求围绕阶级斗争展开,原有的课程计划和教学秩序被打乱,政治课一度停止,初中生被要求学习马克思等无产阶级革命导师的语录、毛泽东著作选编和诗词选编。很多地区的政治课服从政治运动需要临时安排学习内容。

1949年建国以后三十年内的思品课特点非常鲜明地体现了浓厚的政治色彩,有学者称这一特点为"泛政治化"。[1] 课程目标和内容着重于树立社会主义和共产主义思想,确立牢固的社会主义政治立场,道德教育几乎被政治教化所取代,道德问题也被归为思想政治问题。这种"泛政治化"教育一方面是出于我国特定时期的政治需要,另一方面由于缺乏对道德教育尤其是和平年代道德教育的科学认识,错误地延续了革命年代的斗争哲学,忽略了学生作为人的发展需要。1978年以后,"随着政治上的拨乱反正,党和国家工作中心的转移,特别是社会主义市场经济体制的建立和发展,中学政治课的超政治功能受到质疑、批判"。[2]

2. 1980年代初至20世纪末:强化道德性和常识性阶段

"文化大革命"终结之后第二年,中国共产党于1978年12月召开十一届三中全会,确立了对内改革、对外开放的政策,从此中国进入史无前例的社会转型期,这一转型既表现为社会主义计划经济向市场经济的转型,也表现为单一价值观向多元价值观的转型。思品课的改革虽然滞后于经济体制的改革,但也逐步迈向一个新的方向。1981年我国第一个思想品德教学大纲颁布,在之后的20年间,我国政府先后颁布了

---

[1] 刘强.思想政治学科教学新论[M].北京:高等教育出版社,2009:15;严伯霓.义务教育思想品德课程标准(2011年版)解读[M].武汉:湖北教育出版社,2012:4.
[2] 严伯霓.义务教育思想品德课程标准(2011年版)解读[M].武汉:湖北教育出版社,2012:5.

六个教学大纲(课程标准)。改革开放带来的急速的社会变化迫使研究者和决策者对思想品德的课程性质、目标、内容和方法做出及时调整和改变。可以说改革开放后的30年是我国谋求德育课程转型的探索时期。下面简要列举这30年写入教育部文件中的思品课的目标或任务。

1980年：中学政治课是中学教育计划中的主要课程之一，是对学生进行马列主义、毛泽东思想基础知识教育的课程，是思想教育的主要途径之一，是贯彻德智体全面发展的教育方针的重要方面，是区分社会主义教育与资本主义教育的重要标志。——教育部《改进和加强中学政治课的意见》

1982年：思想品德课是建设社会主义精神文明，全面贯彻党的教育方针，用共产主义思想向小学生进行思想品德教育的一门重要课程。它的教学目的是使小学生初步具有共产主义道德品质和良好的行为习惯，立志做有理想、有道德、有文化、守纪律的劳动者，为把他们培养成为共产主义事业的接班人打下思想基础。以"五爱"(爱祖国、爱人民、爱劳动、爱科学、爱社会主义)为基本内容，结合贯彻《小学生守则》，向小学生进行社会主义国家公民应有的道德品质和行为规范的教育，着重在小学生中培养爱国主义精神、集体主义精神和主人翁精神。——《全日制五年制小学思想品德课教学大纲(试行草案)》(第一个小学思想品德课教学大纲)

1985年：中学生在初中阶段，要受到社会主义道德、民主法制和纪律的教育，了解社会生活和社会发展规律以及社会主义建设的常识，要树立爱国主义、社会主义理想、树立对社会主义建设和改革的责任感。——中共中央《关于改革学校思想品德和政治理论课程教学的通知》

1986年：通过以"五爱"和"五讲四美"为中心的社会公德教育和社会常识教育(包括必要的生活常识、浅显的政治常识以及同小学生生活有关的法律常识)，从小培养学生社会主义国家公民应有的思想品德和行为习惯，为使他们成为有理想、有道德、有文化、有纪律的社会主义建设的各类人才打下初步的基础。——《全日制小学思想品德课教学大纲》

1997年：小学思想品德课和初中思想政治课的教学，以马列主义、毛泽东思想和邓小平理论为指导，紧密联系实际，生动具体地对学生进行个人生活、家庭生活、学校生活、社会公共生活、国家民族生活中的基本道德规范教育，进行思想方法、心理品质、法律意识、社会发展常识和基本国情的教育;逐步培养学生爱祖国、爱人民、爱劳动、爱科学、爱社会主义的思想情感,文明礼貌、遵纪守法的行为习惯;初步使学生在基本的思想观点和道德观念上具有辨明是非的能力,在了解唯物史观的基础上树立崇高的理想和参加社会主义建设的社会责任感。——《义务教育小学思想品德课和初中思想政治课程标准(试行)》

值得一提的是,90年代初,初一思想政治课曾一度改为公民课。到90年代末,思想品德课在性质、任务和目标上实现了一个质的转变,主要表现为:

(1)课程性质和目标上,"进行公民的品德教育……的必修课程"取代了"进行共产主义思想品德教育的一门课程",第一次使用了"公民"这一概念,从侧重培养作为先进分子的"共产主义者"向培养坚守道德底线的"平民"转型,思品课具有了公民课的性质。

(2)关于课程内容。第一次将毛泽东思想和邓小平理论与马列主义并列,作为思想品德教育的指导思想,课程的基本任务和目标比过去更加广泛,包含了从个人生活到公共生活、国家民族生活等各个层面的道德规范教育,并将心理品质、法律常识、社会发展常识和基本国情等方面的教育也纳入到思想品德课程中,课程内容增加了参与社会生活所需的常识性知识,内容变得更加丰富。

与此同时,思政课内容的不断"丰富"也使思品课变成"什么都可以往里装的筐"。对此陈桂生先生批判道:"如今不管人们是否还这样认为,我国现在流行的'德育'观念及德育实施的范围,已经包括:世界观、人生观教育、政治教育、法制教育、品德教育。此外,最近若干年间,青春期教育、心理咨询与指导亦被列入'德育'范围。其中,只有'品德教育'才能算得是名副其实的'道德教育'"。[①] 当一门课无所不包时,这门课程也就失去了自己的特性。

3. 21世纪初至2016年:强化生活性和社会性阶段

世纪转折期,我国基础教育启动新一轮课程改革。2001年7月,教育部公布了《基础教育课程改革纲要(试行)》以及义务教育各科课程标准(实验稿),2011年又推出修订版。这次课程改革使思想品德课的名称及内容体系再次发生了历史性变革。将小学原来的思想品德课和社会课整合成为品德与生活(1—2年级)、品德与社会

---

① 陈桂生.教育学视界辨析[M].上海:华东师范大学出版社,1999:192.

(3—6年级)两门课程,课程进一步生活化、综合化。初中的"思想政治"课改称为"思想品德"课,强化了品德教育,相对弱化了政治性。

从课程性质来看,品德与生活课程被定性为"一门以小学低年级儿童的生活为基础,以培养具有良好品德与行为习惯、乐于探究、热爱生活的学生为目标的活动型综合课程"。其基本特征是"生活性、活动性、开放性、活动性"。品德与社会课程被定性为:"在小学中高年级开设的一门以学生生活为基础、以学生良好品德形成为核心、促进学生社会性发展的综合课程"。其基本特征是"综合性、实践性、开放性"。思想品德课程被定性为:"为初中学生思想品德健康发展奠定基础的一门综合性的必修课",其特点为思想性、人文性、实践性和综合性,课程理念中"帮助学生做负责任的公民、过积极健康的生活"被作为思想品德课程的追求。人文性是第一次被正式写入思想品德课程特性中。根据《思想品德课程标准》(2011版)的阐释,人文性是指"充分注重以优秀的人文精神资源来拓展、敞开学生的人文视角,以中华民族优秀的文化传统和民族精神来培养学生,关注学生的成长需要与生活体验,尊重学生的学习与发展规律,不断丰富学生的思想情感,引导学生确立积极进取的人生态度,培养坚强的意志和团结合作精神,促进学生人格的健康发展"。

从课程内容来看,品德与生活课程以"儿童与自我""儿童与社会""儿童与自然"这三条主线与"健康、安全地生活""愉快、积极地生活""负责、有爱心地生活""动手动脑、有创意地生活"这四个方面交织构成课程的基本框架。

品德与社会课程则根据"一条主线,点面结合"的思路架构课程内容,即从社会环境、社会活动、社会关系三个点出发,确定个人、家庭、学校、家乡(社区)、祖国、世界这几个社会生活层面的知识和技能。

初中思想品德课程围绕"成长中的我""我与他人的关系""我与集体、国家和社会的关系"整合心理健康、道德、法律和国情四个方面的内容。

有研究者将改革开放后至21世纪初品德课程的发展总趋势归纳为两个方面:(1)从接班人走向了道德人的培养,从培养高尚的人逐步转向重视合格公民的培养;(2)从侧重政治常识转向包含多种领域的综合课程。[①] 还有人将这个时期的初中思想

---

① 刘黔敏.德育学科课程:从理念到运行[D].南京:南京师范大学,2005:32.

品德课程的本质定义为"一门德育课程",也是一门"集理论教育、社会认识、公民教育于一体的综合课程","一门有待开发的现代公民教育课程"。① "新课程改革之后,以权利意识、参与意识、民主意识、平等意识、理性的素养观为主的公民教育核心内容在品德课程中的比例不断加强,已有的公民意识教育更加接近公民教育的实质"。②

概言之,21世纪初思品课从重政治思想教育进一步转向了重道德教育,并具有了以重视公民权利意识、公共意识与独立人格为特征的公民课的色彩。课程内容与教学则以生活化为价值取向,其中低年级的思想品德课与科学课整合后,成为包含生活所有领域的"品德与生活";中高年级的"品德与社会"增加了原社会课所属的历史、地理、政治、经济、法治、文化等领域的内容;初中则包含道德、心理、法律、国情四个方面。除此之外,小学和初中还有各种专题教育,如传统文化教育、禁毒教育、廉政教育、灾害教育等等,因此,思品课的内容范畴进一步扩大。由此可说,小学和初中两个阶段的思品课在此阶段成为以品德形成为核心,促进公民社会性发展的广域课程,兼有其他国家的道德课、社会课和公民课的性质。初中思想品德课则比小学品德与社会课保留了更多的思想性和政治性。

值得注意的是,2001年的课程标准在实施若干年之后,于2011年颁布了修订版,修订版最突出的修订内容是将社会主义核心价值体系确立为思想品德课程的核心思想,加强对民族共同价值观的塑造。这次修订讨论了国际国内形势深刻变化带来的社会新问题,尤其是未成年人思想道德建设面临的新挑战。如中共中央、国务院颁布的《关于进一步加强和改进未成年人思想道德建设的若干意见》(2004年)所揭示的那样,"国际敌对势力与我国争夺接班人的斗争也日趋尖锐和复杂,他们利用各种途径加紧对我国未成年人进行思想文化渗透,某些腐朽没落的生活方式对未成年人的影响不能低估","一些领域道德失范,诚信缺失,假冒伪劣、欺骗欺诈活动有所蔓延;……一些成年人价值观发生扭曲,拜金主义、享乐主义、极端个人主义滋长,以权谋私等消极腐败现象屡禁不止,等等,也给未成年人的成长带来不可忽视的负面影响……"。针对这种社会状况,我国需要确立一个以中国特色社会主义价值体系作为德育建设的方向

---

① 肖川,严伯霓.义务教育思想品德课程标准(2011年版)解读[M].武汉:湖北教育出版社,2012:17—19.
② 檀传宝,等.公民教育引论[M].北京:人民教育出版社.2011:166.

盘,这便是社会主义核心价值体系。它包括一个指导思想——马克思主义指导思想;一个理想——中国特色社会主义理想;两种精神——以爱国主义为核心的民族精神和以改革创新为核心的时代精神;一个道德观念——社会主义荣辱观。其后,社会主义核心价值观被凝练为24字:富强、民主、文明、和谐,自由、平等、公正、法治,爱国、敬业、诚信、友善。"富强、民主、文明、和谐",至今被作为我国思品课程的主导价值。

4. 2016年至今:政治性的再度强化

2012年11月中共十八届一中全会确立了建设中国特色社会主义的一系列新理念、新思想、新战略。在这一背景下,思品课发生又一次重要转折。首先,为深入贯彻党的十八届四中全会关于"将法治教育纳入国民教育体系,从青少年抓起,在中小学设立法治知识课程"的要求,教育部与司法部共同制定、颁布了《青少年法治教育大纲》(2016年),并于2016年将小学和初中思品课名称改为"道德与法治",在小学和初中教材中增加法治专册,并在所有年级教材中充实法治教育内容。其次,第二个改变是思品教材回到"一纲一本"体制,以确保全国思品教育在思想性和政治性上的统一。上述转变仅用2年时间便强有力地完成了推进,可见党和国家推进法治教育及加强思想政治教育的急迫性与实施力度之强大。

思品课政治性的再次被强调始于2019年3月18日习近平总书记主持召开学校思想政治理论课教师座谈会并发表重要讲话之后。2020年9月1日出版的《求是》第17期再次发表习近平总书记的这一讲话稿——《思政课是落实立德树人根本任务的关键课程》,强调思想政治理论课必须培养一代又一代拥护中国共产党领导和我国社会主义制度、立志为中国特色社会主义事业奋斗终身的有用人才。"在大中小学循序渐进、螺旋上升地开设思想政治理论课非常必要"。根据总书记的讲话精神,党和国家立即颁布了一系列改革中小学思政课的文件,如2019年8月14日中共中央办公厅、国务院办公厅印发《关于深化新时代学校思想政治理论课改革创新的若干意见》(以下简称思政课若干意见),指出要全面贯彻党的教育方针,坚持不懈用习近平新时代中国特色社会主义思想铸魂育人,对深化新时代学校思想政治理论课改革创新提出了诸多意见。其中,特别强调教育部要成立大中小学思政课一体化建设指导委员会,加强对不同类型思政课建设分类指导。关于课程目标,要求"初中阶段重在打牢思想基础,引导学生把党、祖国、人民装在心中,强化做社会主义建设者和接班人的思想意识。小学阶段重在启蒙道德情感,引导学生形成爱党、爱国、爱社会主义、爱人民、爱集体的情感,具有做社会主义建设者和接班人的美好愿望。"①

关于课程内容建设,《思政课若干意见》要求"坚持用习近平新时代中国特色社会主义思想铸魂育人,以政治认同、家国情怀、道德修养、法治意识、文化素养为重点,以爱党、爱国、爱社会主义、爱人民、爱集体为主线,坚持爱国和爱党爱社会主义相统一,系统开展马克思主义理论教育,系统进行中国特色社会主义和中国梦教育、社会主义核心价值观教育、法治教育、劳动教育、心理健康教育、中华优秀传统文化教育"。

(二) 促进以品德形成为核心的社会性发展

由上可见,进入中国特色社会主义新时代之后,义务教育阶段思品课的政治性再次得到强化。实际上,无论是改革开放前还是改革开放后,思品课一直包含了政治教育、思想教育和道德教育,只是在不同时期,因国内国际形势的需要,课程内容的重心会发生转移。政治教育始终在我国思品课中占据最为重要的位置,而政治教育的核心就是对中国共产党领导、对中国特色社会主义制度、对中华优秀传统文化的认同。

但是,思品课政治性的重新强调并不意味思品课回到了改革开放之前"泛政治化"的政治课。统编《道德与法治》教材在强调政治认同、家国情怀之外,依然重视良好品德形成与社会性发展,也就是要让学生能正确认识自己,正确处理自己与他人的关系,自己与集体、国家和社会的关系,能适应社会、参与社会、服务社会。这是我国教育界吸取"泛政治化"政治课之教训后形成的共识。2016年之后思品课对法治教育的强化,更促进了20世纪80年代以来教育界一直追求的权利意识、义务观念、规则意识和契约精神等现代公民素养的培育。此外,道德与法治课在"人类命运共同体"理念指导下,进一步重视以寻求人类共同利益和共同价值为内涵的全球意识的培养。因此,可以说道德与法治课目前是一门整合了政治教育、思想教育、道德教育、法治教育、人文教育、心理健康教育等为一体的综合课程,兼具政治性、道德性、人文性、社会性、生活

---

① 关于深化新时代学校思想政治理论课改革创新的若干意见[EB/OL]. http://www.xinhuanet.com/politics/2019-08/14/c_1124876294.htm.

性等多重性质。政治性虽然被置于重要甚至是优先位置,但是道德性和社会性仍是思品课稳定不变的基本性质。

概言之,我国道德与法治学科的本质特征就是:以培养中国特色社会主义建设者和接班人为根本的政治任务,促进以品德形成为核心的社会性发展为持续的基本任务,其育人价值可概括为促进学生成为有良好道德品性,能行使公民权利和履行义务,能协调自己与他人、集体、国家和社会之关系,拥有正确政治立场和社会主义核心价值观的社会主义公民。其学科知识和学科思维来源于马克思主义为指导思想的政治学、伦理学、法学、经济学、社会学。这是构建道德与法治学科核心素养的基本依据。

三、21世纪核心素养的国际共识

20世纪末经济合作与发展组织、欧盟等国际组织及一些发达国家都纷纷提出了核心素养,当前全世界共同倡导的跨学科核心素养是4C's,即合作(collaboration)、交往(communication)、创造性(creativity)和批判性思维(critical thinking),它们已经成为我国学生发展核心素养和各学科核心素养的重要参考依据,因此也是我们构建道德与法治学科核心素养的参考依据。核心素养、关键能力虽应通过整合学校全部教育活动加以培育,但是不同学科针对不同核心素养所发挥的作用大小是不同的。分析各国际组织提出的核心素养,可以发现道德与法治学科有助于发挥更丰富的育人价值,因而有助于提炼本学科的核心素养。

(一) OECD的"关键能力三维度"

OECD于1998—2002年开展了一项大规模研究,即"素养的界定和遴选:理论和概念基础"(Definition and Selection of Competencies: Theoretical and Conceptual Foundation),简称DeSeCo项目,试图汇集欧盟国家的共同理念,形成应对20世纪各种挑战的行为准则,在此基础上探索未来社会中,个人应具备哪些知识和能力才能实现"成功的生活"和"健全的社会"。DeSeCo项目的研究者提出了关键能力的三个维度:能使用工具沟通互动,能在社会异质团体/群体中互动,能自主行动。

其中,"能在社会异质团体/群体中互动"是与道德与法治学科的性质、目标和内容密切相关的关键能力,具体内容包括:

- 与人和谐相处的能力

与人和谐相处要求具备：

① 善于移情理解——从他人的角度设身处地地理解其处境,这会帮助你学会自我反思,从而认识到原本自以为理所当然的观点和信仰,并不一定也要苛求别人保持认同。

② 有效调控情感——有自我意识,能合理解释个人的情感和动机状态,同时对别人的情感和动机也能细致体察。

- 合作能力

合作要求每个人具备一些基本的品质,每个人能信守其对群体的承诺,处理好群体目标与个人目标间的优先关系,必须能分享权利并支持他人。这种能力的具体含义包括：

① 善于表达自己的观点并倾听他人的想法。

② 容忍彼此之间各持己见,遵守一定的议程来达成一致。

③ 善于与人协作结盟。

④ 善于与人协商妥协。

⑤ 善于在综合考虑各种意见后作出决定。

- 管理和解决冲突的能力

参与冲突管理和解决所需要的具体要求包括：

① 分析利益有关的事务及利益(如权力主导、业绩认可、工作分配和权利平等),冲突的根源以及各方的观点,并认识到冲突各方处境的差异。

② 寻找双方观点相同及相左的内容。

③ 重新界定问题。

④ 对需要优先解决的需求和目标进行排序,了解各方在何种方式下愿意妥协。

(二) 欧盟的"关键能力八大领域"

欧盟在2004年的一项研究中提出了关键能力的八大领域,分别从知识、技能和态度三方面阐述了各领域的关键能力的内涵。这八大领域是：(1)母语交流能力；(2)外语交流能力；(3)数学能力和科学技术能力；(4)数字化能力；(5)学会学习的能力；(6)人际交往和履行公民职责的能力；(7)创业能力；(8)文化表达能力。[1]

---

[1] 盛力群.21世纪教育目标新分类[M].杭州：浙江教育出版社,2008：257—258.

其中"人际交往和履行公民职责的能力"与我国道德与法治学科的性质和培养目标相符。该领域的关键能力包含以下内容：

● 人际交往和履行公民职责的知识

① 理解不同社会中普遍接受或倡导的行为方式和行为准则。

② 了解个人、群体、社会和文化概念及其历史演变。

③ 了解个人及家庭保持健康、卫生、营养的方法。

④ 理解欧洲社会和其他社会中的跨文化现象。

⑤ 了解公民权利、本国宪法、政府权限。

⑥ 理解地方、区域、国家、欧洲及国际层次的机构（包括欧盟的政治经济角色）在制定相关政策中的角色和责任。

⑦ 了解地方政府和国家的主要职能，了解正常的工作流程。

⑧ 理解民主、公民身份、国际条约等概念及其表达方式（包括欧盟基本权利宪章和欧盟条约）。

⑨ 了解所在国、欧洲及世界主要历史事件、发展趋势、变革因素，了解欧洲及周边地区的现状。

⑩ 了解欧洲和世界的移民及少数民族。

● 人际交往和履行公民职责的技能

① 能在不同社会情景下与他人进行建设性的交流（体谅别人的观点和行为；对个人和集体有责任意识）。

② 对他人抱有信心和善于发挥移情理解。

③ 能建设性地表达个人所遭受的挫折（控制攻击性、暴力倾向或自我破坏性行为）。

④ 能把工作和生活适当分离，防止将职业冲突转移到个人生活中来。

⑤ 理解欧洲和其他国家中的民族文化认同，理解彼此认同所带来的多样化的益处，并以此来丰富个人阅历。

⑥ 善于协商妥协。

⑦ 参与社区活动、参与所在国及欧洲的决策制定过程，在选举中参与投票。

⑧ 能关心帮助解决问题，影响当地社区或更大范围以彰显团结。

⑨ 能与公共机构有效互动。

⑩ 能从欧盟提供的机会中获益。

⑪ 掌握所在国的语言。

● 人际交往和履行公民职责的态度

① 关心他人,尊重他人。

② 愿意克服定势与偏见。

③ 善于妥协。

④ 诚实守信。

⑤ 拥有对地方、所在国、欧盟及世界的归属感。

⑥ 愿意参与各层次民主决策。

⑦ 自愿参与公民活动,支持社会多样化和社会融合。

⑧ 愿意尊重他人的价值观和隐私,抵制反社会行为。

⑨ 接受人权和平等观念是团结的基础,对现代欧洲社会的民主体制担负起责任,主张男女平等。

⑩ 欣赏、理解不同宗教或种族的价值体系差异。

⑪ 批判性地接受大众传媒的信息。

(三) 美澳日的公民关键能力

1. 美国的"21世纪人才核心技能"

美国使用的"技能"(skill)一词,其涵义与中文的"能力"相近。

2002年,美国联邦教育署确立了21世纪技能伙伴计划书,全美开始广泛讨论21世纪技能学习议题,各州先后参与该计划,建立了21世纪技能发展联盟,联盟于2007年提出了三大"21世纪人才核心技能",并根据核心技能建构21世纪课程。

① 学习与创新技能:创造力与创新、批判思考与问题解决、沟通与合作。

② 信息、媒体与科技技能:信息传播能力、信息与通讯技术运用能力。

③ 生活与职业技能:弹性力与适应力、进取心与自我决定、社会与跨文化能力、生产与绩效能力、领导与责任能力。

2. 澳大利亚"七项关键能力"

澳大利亚于1992提出了公民应具备的七项关键能力:①收集、分析与组织信息的能力;②沟通观念与信息的能力;③计划与组织个人工作生活的能力;④与他人合作及在团体中工作的能力;⑤运用数学概念及技巧的能力;⑥运用科技的能力;⑦解决问题的能力。

3. 日本的"生存力"与"扎实的学力"

日本政府于上世纪90年代将"生存力"作为核心概念指导学校教育改革。所谓"生存力"之涵义是:"无论社会怎样发展,都能自己发现问题,自己学习,自己思考,自主判断和行动,具有更好地解决问题的素质和能力""能够自律,与他人协作,能够关心和同情他人,具有丰富的人性",并且具有"能够强健地生存下去的体力和能力"。[①]

鉴于学校教育忽略扎实的基础知识和基本能力的学习,2008年日本的课程改革又提出"扎实的学力",扎实的学力强调的是基础知识和基本技能的掌握,它并不否定"生存力",而是与之并存。

虽然各国各组织所提出的核心素养框架各不相同,但是其中的要素确有很多相通之处,即都将人际交往能力和协作能力、关心社会和他人并履行公民责任等社会性能力作为核心素养(关键能力)之一。这些能力的形成虽有赖于学校教育培养,但是道德与法治学科对这些能力的培养无疑应比其他学科发挥更大作用。因此,这类能力也是我们构建思想品德类学科核心能力内涵的参考依据。

四、道德与法治学科核心素养架构

核心素养是全部素养中被精选出来的关键的优先选项,而不是面面俱到的素养"大杂烩"。[②]"是每个人发展与完善自我、融入社会及胜任工作所必需的基础性素养,是适应个人发展和社会发展所需要的必备品格与关键能力,是个体应具有的起基础和支撑作用的素养。"[③]根据上述定义,学科核心素养不适宜列出多个大类和多个子项,否则会变成素养"大杂烩"而体现不出"优先性""关键性"和"基础性",也不易使教育实践者抓住重点和重心。

本研究根据本章开头确立的原则和依据——核心素养内涵、学科本质特性和育人

[①] 日本第15期中央教育审议会之第一次审议报告"关于面向21世纪我国教育的发展方向",1996年7月。
[②] 褚宏启.核心素养的概念与本质[J].华东师范大学学报(教育科学版).2016(1):1—3.
[③] 石鸥.核心素养的课程与教学价值[J].华东师范大学学报(教育科学版).2016,34(01):9—11.

价值、国际趋势、学理依据——提出一个由身份认同、道德判断与冲突解决构成的核心素养框架。在这个框架中,身份认同是基础,道德判断为中介,冲突解决为落脚点。见下图(图1-1):

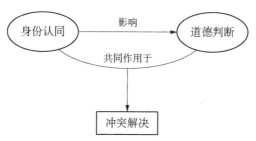

图1-1 道德与法治学科核心素养结构图

身份认同包括自我认同、社会认同,社会认同又包括对社会关系、集体与想象的共同体(如国家、民族、人类)的认同,是包含认知、情感、态度、价值观和行为的综合心理品质,符合核心素养的基本内涵。大量研究显示,身份认同会在很大程度上影响人们的情感、态度,从而影响甚至决定人们所采取的行为。构建身份认同体现了道德与法治课程作为立德树人关键课程所具有的学科本质特性和育人价值,并与高中思想政治学科列入核心素养首位的政治认同相衔接。鉴于义务教育的基础性以及身份认同形成的规律,义务教育阶段的思政课应先打好政治认同的基础:自我身份认同、社会关系认同和集体认同,最后才指向政治认同。身份认同与身份认同教育在国际上有较丰富的理论研究和实践,它们为身份认同教育提供了充分的科学理论依据。

但是,身份认同有积极和消极两种不同作用,而且拥有多种身份的个体在具体真实的情境中会产生身份认同的冲突。如何在复杂情境中做出正确的积极的行为选择,需要个体进行理性的道德判断,才有可能正确辨别是非、善恶,衡量价值轻重或优先顺序,从而选择恰当的方式行使身份赋予的权利和责任。道德判断是批判性思维这一21世纪核心技能在道德领域的反映,将道德判断能力作为核心素养之一符合世界教育发展的趋势,也符合我国日益重视批判性思维的社会现实。道德判断是道德教育领域历久弥新的研究课题,研究表明影响道德判断能力的有认知和情感等多方面的因素,道德判断能力的发展有其客观规律,是可以通过教育进行干预的,因此,道德判断教育一直存在于国内外德育课程中,有丰富的理论与实践成果可供参考。

道德判断能力可以帮助个体在特定冲突情境中比较、判断、选择更为重要或优先的价值。但判断的结果未必带来正确妥当的行为。因为社会生活高度复杂,从道德判断到道德践行,还需要有冲突解决能力,来协调各种社会的关系,创造最优的共赢的方案,以最少的代价实现问题的解决,从而促进社会和谐和世界的和平。冲突解决能力即解决社会生活问题的能力,是问题解决能力这一国际组织公认的21世纪核心素养在道德与法治领域的体现,它包含了人际沟通、协商合作、尊重与同理心、契约精神、情绪控制和创造力等次级能力,涵盖了国际组织和各国列入核心素养框架中的相关素养,如"能在社会异质团体中运作""人际交往""沟通合作""领导力与责任"等。在价值冲突和利益冲突更趋复杂的社会中,冲突解决能力是21世纪社会每个人必备的关键能力素养。这一方面在我国思政课中尚未得到充分重视,但在2016年后的小学和初中统编教材中已有触及。欧美的冲突解决理论和冲突解决教育实践已形成丰富的研究成果,为我国加强冲突解决能力的研究和实践提供了值得借鉴的参考。

以上仅阐述三者之间的关系,并不意味道德判断能力仅受身份认同的影响,也并非说冲突解决能力只受身份认同与价值判断的影响。在此就诸进行阐述是由于其他影响因素不属于道德与法治学科的教学范围。它们各自的内涵、影响因素、形成机制,以及作为道德与法治学科核心素养的意义将在后面各章进行详细的分析和论证。

(沈晓敏)

第二章 学科核心素养：身份认同

本研究将身份认同列为道德与法治学科的核心素养之一。不同于道德判断能力和冲突解决能力，身份认同来自人维持自身同一性、期望被认可、趋向同类群体的自然倾向，可以说，人构建身份认同的能力与生俱来；但身份认同又受到成长环境中各类因素的影响，身份认同形成过程的不同造成每个人的身份认同不尽相同。消极的身份认同使个人无可依赖，带来心理健康问题，使群体内部或群体之间产生矛盾冲突、甚至带来战争；积极的身份认同不仅有益于个体健康、群体和谐，更是个体形成道德感、实现人生价值，社会流畅运作、和平互惠的重要基础。可见，尽管身份认同能力与生俱来，但所形成的身份认同作为一种素养存在水平差异，并且影响重大，尤其影响个体如何处理与自我、与他人、与群体、与社会的关系。将身份认同对个人和群体的影响置于道德与法治学科的语境中，可以发现，良好的身份认同水平是进行道德判断、避免和解决冲突的必要条件，是良好的道德判断能力和冲突解决能力的重要基础。因此，身份认同应当是道德与法治学科的核心素养之一。在基础教育中，应更凸显其作为学生健康发展的基础素养之地位，并遵循身份认同形成的客观规律，对学生的身份认同有意识地进行引导和塑造。

一、身份认同的内涵

（一）概念解析与理论源流

中文相关学术研究文本中的"身份""认同""身份认同"，在英文研究文本中所对应的词汇均为"identity"。在中文中，"认同"更多地被作为动词或动名词使用，指代

"identity"产生的过程;"身份"更多地被作为名词使用,指代"identity"产生的结果;而"身份认同"与英文研究中的"identity"一词最为相似:既指代过程,也指代结果。身份认同的过程和结果都是身份认同研究的重要关注对象。国内大部分现有身份认同研究均基于西方近代相关理论展开,也就是说,东西方身份认同研究的学术语境基本一致。因此,尽管翻译不统一,中文研究文本中的"认同"和"身份"均可以中文中的"身份认同"和英文中的"identity"来理解。

身份认同是一个关乎人的自我认识的概念,其所解答的是"我是谁"这一问题。这也是人类思想史上不断以不同的方式被提出的问题,所关涉的研究领域主要包括社会学、心理学、哲学,以及社会心理学、认知科学等交叉学科。

思想史上最早对身份问题进行探究的是哲学领域,其对现今的身份认同研究有两方面的发源作用:对人之自我的反思;对同一性的辨析[①]。关于自我,从苏格拉底"认识自己"到庄周梦蝶,东西方哲学对"我是谁"进行了数不胜数的探讨。而同一性作为使事物保有自身、成其所是的重要属性,也是哲学史上的重要命题,如黑格尔就曾提出:同一性本身即包含了本质和差异的辩证关系。可以说,哲学研究对人的自我同一性从两个角度进行了概念界定和逻辑推演,而其他学科的身份认同研究则对人的自我同一性的内容、表现、形成机制展开了基于实证的探索。

现代意义上的身份认同研究[②]主要发源于上世纪心理学领域的研究成果,并在不断吸收社会学、现象学等研究方法和成果的过程中得到发展。从起源来看,身份认同理论的主要理论来源有弗洛伊德(Sigmund Freud)的精神分析理论、米德(George H. Mead)的符号互动理论、舒茨(Alfred Schutz)的知识社会学等。从流派来看,西方身份认同理论大致可以归为两大流派:发源于美国的关注微观个人、以符号互动理论为基础的认同理论;发源于欧洲社会心理学的关注群体、强调社会中的人的社会认同理论。不过,身份认同研究发展至今,重要成果多是各条脉络相互影响的结果。

美国心理学家埃里克森(Erik H. Erikson)最早提出了现代意义上的身份认同概

---

① "同一性"和"身份认同"在英文研究文献中均为"identity",其本意即"一致性"、"同一性"。同一性并非人所独有的属性,而是事物所普遍具有的性质;人的自我同一性,即人的身份认同。
② 此处以及后文中的身份认同研究,泛指所有以人的身份认同为对象的研究。后文中的"认同理论"和"社会认同理论"是学术流派的区分,两者本质上均属于身份认同研究,都提出了各自的身份认同理论。

念,其理论沿袭的是弗洛伊德的精神分析学脉络:弗洛伊德将儿童把他人品质吸收为自己人格的一部分的行为称为"认同作用",以表述个人与他人、群体或模仿对象在心理上趋同的过程,并指出这是一种个体与他人间情感联系的最早表现形式①。受弗洛伊德的影响,埃里克森于1940年代在他的青少年心理研究中将身份认同作为自我或人格的核心提出:人的个体的自尊、依恋感、归属感均依赖认同的发展而形成②;并在之后的研究中将身份认同定义为一种群体心理现象:一种熟悉自身的感觉,一种从他信赖的人们中获得所期待的认可的内在自信③。

同一时期的另一些身份认同研究则沿袭了社会学的符号互动理论。符号互动理论的基础是心理学家詹姆士(William James)的"自我"概念:自我是随着人将自己视为客体来看待而产生的;库利(Charles Horton Cooley)随之提出:自我是在与他人的交往互动中产生的,即从他人的角度认识自己、扮演他人角色,来达成相互理解④;米德在此之上发展出了符号互动理论:在人们心中,事物(包括自我)的意义是人在社会互动中被赋予的。之后,富特(Nelson Foote)和斯特莱克(Sheldon Stryker)等人均沿着这条脉络提出了自己的身份认同理论:富特聚焦于"角色"概念,以角色解释人的行为动机;斯特莱克提出,角色有多维性,人们在社会生活中的角色是一个角色丛⑤。

1960年代之后,身份认同研究融入了更多来自不同学科、不同流派的研究方法和观点。如伯格(Peter Berger)在认同理论中融入了马克思(Karl Marx)、涂尔干(Émile Durkheim)的理论和舒茨的社会现象学,认为身份认同也是社会建构的结果;斯特劳斯(Anselm Strauss)则融合了精神分析学和符号互动论,认为身份认同是一个互动的事实,并提出身份认同来自于自我评价、他人评价、人的各种名称、经历及生活过程;戈夫曼(Erving Goffman)受斯特劳斯影响,将认同区分为社会认同、个人认同和自我认同;罗伯森(Roland Roberson)和豪兹纳(Burkart Holzner)融合精神分析、符号互动论、知识社会学,将认同研究纳入社会学主流。

---

① 王歆. 认同理论的起源、发展与评述[J]. 新疆社科论坛,2009(02):78.
② 万明钢,王舟. 族群认同、族群认同的发展及测定与研究方法[J]. 世界民族,2007(03):1.
③ Erikson E H. Identity and life Cycle [M]. New York: Norton, 1959:118.
④ 查尔斯·霍顿·库利. 人类本性与社会秩序[M]. 包凡一,王源,译. 北京:华夏出版社,1989:118.
⑤ 周晓虹. 认同理论:社会学与心理学的分析路径[J]. 社会科学,2008(04):48.

与此同时，在二战后的欧洲，种族中心主义的可怖后果使人文学科各领域均越来越关注群体问题。社会心理学家泰费尔（Henri Tajfel）和特纳（John C. Turner）在对群体行为进行大量研究和实验的基础上提出了社会认同理论：个体认识到自己属于特定社会群体，认识到群体成员身份所对应的情感和价值意义，从而产生社会认同。相较于发源自美国学界的认同理论，发源自欧洲的社会认同理论更重视社会因素，研究重点是群体中的认同以及群体之间的关系；但两者都强调自我的社会建构过程[①]。

（二）身份认同的作用和形成机制

现代意义上的身份认同研究，其初衷是解答人格障碍、个体对群体的不适应、人际和群体冲突、文化冲突何以产生等问题，为了解答这些问题，必须对人的性格、情感、态度、价值观如何形成，群体如何形成，人和所在群体的关系从何而来，这种关系又如何影响人的行为等问题进行探索。大量研究发现，身份认同无论对个人还是对各类共同体的健康和福祉都起到至关重要的作用。而为了使作为结果的身份认同为个人和共同体带来更多福祉，必须对身份认同的形成机制、也就是作为过程的身份认同展开研究，并对其进行必要的干预。

已有大量研究显示，身份认同会在很大程度上影响人们的情感、态度，从而影响甚至决定人们所采取的行为。埃里克森在1950年就身份认同对个体的作用展开研究，提出了"同一性危机"（identity crisis）：人的身份建立过程（尤其是在青少年阶段）如出现问题和阻碍，可能导致身份缺失或身份冲突，这将给人的心理健康和生活带来负面影响，如自我价值感、意义感的丧失。霍夫兰（Carl Hovland）和西尔斯（Robert Sears）则研究身份认同对群体的作用，提出群体成员会出于对自身群体的热爱，将问题的责任归咎于群体外的因素[②]，当这种群体心理调节机制在群体内部的积极认同遭到削弱而又无力解决问题时，会导致严重的社会后果：如美国的反黑人运动、纳粹对犹太人的残害等。可见，消极的身份认同可能给个人和社会带来极大的负面影响和危机。相应地，积极的身份认同是个人和群体保有自身的基础，并能带来积极的影响。北美宗教社会学家摩尔（Hans Mol）于1976年在《认同和神圣》一书中提出：对个人来说，身

---

① 聂文娟.群体情感与集体身份认同的建构[J].外交评论（外交学院学报），2011,28(04)：87.
② 聂文娟.群体情感与集体身份认同的建构[J].外交评论（外交学院学报），2011,28(04)：94.

份认同使人在环境中占据自己的位置,并根据这一位置对外在环境做出积极的反应;对群体来说,身份认同是一个"基本的及普遍拥有的信仰、规范及价值的综合",使其能抵御外在事物对其成员的威胁而维续自身[1]。伯克(Peter Burke)提出身份认同对个体具有降低不协调的作用,使人们可以修正自己的行为[2]。综合现有研究可以看出,个人的身份认同和群体的整体身份认同状况都与积极或消极的价值内涵相关联,也就是说,身份认同可以是积极的或消极的,分别对个人和群体的健康和福祉有着良好的或不良的影响。

此外,以斯特莱克和伯克为代表的一些研究者关注个体的"角色丛"对其情感、态度、行为的影响机制,针对一个人如何受到不同身份或角色的影响提出了身份认同的承诺(identity commitment)和突显(identities salience)[3]。身份承诺代表了一个人在某身份角色上的投入程度,而不同的人对同一个身份角色的承诺是不同的,同一个人对自身不同身份角色的承诺也是不同的。而得到较多承诺的身份角色,会与此人的行为表现呈现出更紧密的关系,该身份角色就在此人身上得到了突显。具有同一身份角色的人由于身份突显的差异,在同一环境中可能采取迥异的行为。

自身份认同问题引起重视,相关理论发展至今,已有许多研究从不同角度对其形成机制进行了探讨。认同理论和社会认同理论这两大流派都认为,身份认同是以人的一种与生俱来的能力为基础的:人可以将自身视为客体,发现自身的属性,将自我与他人进行比较或依据社会范畴,对自我进行分类、命名——这就是身份认同的形成过程。这个过程在社会认同理论中被称为自我归类(self-categorization),在认同理论中则直接被称为认同[4]。社会认同理论发现,个体都有着归依于同类的心理倾向,这种倾向来源于个体希望获得积极的自我概念、维持或提高自尊。温特(Alexander Wendt)则以米德的符号互动理论为框架,研究群体身份认同(collective identity)的形成:群体身份往往是从朋友身份转化而来的。自我与他者进行互动时,可以选择合作

---

[1] 王莹.身份认同与身份建构研究评析[J].河南师范大学学报(哲学社会科学版),2008(01):51.
[2] Burke P. An Identity Approach to Commitment [J]. Social Psychology Quarterly, 1991, 54: 280 - 286.
[3] 周晓虹.认同理论:社会学与心理学的分析路径[J].社会科学,2008(04):48.
[4] Stets J, Burke P. Identity Theory and Social Identity Theory [J]. Social Psychology Quarterly, 2000, 63 (3): 224.

或不合作,如选择合作,他者往往也会予以合作和回报,许多个体之间如此循环往复,就形成了群体身份认同。总的来说,各类身份认同研究公认的一点是,认同来自于个体与其他个体比较异同的过程。如黑格尔所说,同一性本身即有"同一"和"独特"两层含义,揭示了"相似"和"相异"两层关系。同样,身份认同的基础是同时认识到自身内部多样的属性,以及他人与我的相似之处和相异之处——也就是说,既认识到自己是丰富而独特的,也认识到自己是与他人有共同点的。进一步从群体的角度来说,认同的过程就是个体对所在群体的内部共同点及其与其他群体的差异性的认知[①]。

二、身份认同教育的国际经验

从身份认同的现有研究可以看出,一方面,身份认同的形成有其客观规律,并且是一个持续性的过程,尤其青少年儿童时期是身份认同形成的关键期;另一方面,身份认同形成过程中的各种因素决定了不同个体的身份认同有不同的结果,而它可能是积极的、可能是消极的,且会对人的态度、信念、情感、行为决策产生重要的影响。积极的身份认同之构建对于培养健全人格、发展人的社会性、减少群内和群际冲突、实现个人价值和共同体福祉有着关键的作用;消极的身份认同可能导致个人心理失衡、心理疾病,群体的不稳定、不团结,群体之间的冲突,甚至是犯罪、战争等更严重的后果。因此,为了保证个体和共同体的健康发展,从个体的儿童阶段开始就应当关注其身份认同发展过程,在遵循身份认同客观规律的前提下进行适当干预。这就意味着,引导青少年儿童形成积极的身份认同也是教育的重要任务。在教育过程中有意识地对学生的身份认同过程进行的干预,可称为身份认同教育。

身份认同教育至关重要,不过正如知识和技能的传授需要顺应认知发展的客观规律一样,身份认同教育也需要顺应身份认同形成的客观规律。因此,为了更好地对身份认同进行引导、对其形成过程进行干预,必须一方面对身份认同的形成机制进行研究,摸清其客观规律,另一方面对身份认同状态的评价标准和测评方式进行研究,使引导和干预有适宜的方法和正确的方向。

在东西方教育传统中,学校教育其实一直以来都或有意识或无意识地通过各种手

---

① 王莹.身份认同与身份建构研究评析[J].河南师范大学学报(哲学社会科学版),2008(01):52.

段对学生的身份认同形成过程进行干预,尤其是国家认同、文化认同等方面的塑造非常受到重视。由于身份认同理论研究在西方起步较早,因此对于教育中身份认同问题的学术研究也较多。西方的身份认同教育实践不仅注重塑造国家认同、文化认同,同样关注引导个体的自我认同。对于当前如何在中国的教育中更全面、深入地通过引导学生的身份认同过程,从而更好地达到育人目标,可以从理论研究和操作实践两个方面参考国外经验。

(一) 指向教育的身份认同研究

在指向教育的身份认同研究中,研究者们所关注的问题也变得更为多样。从研究对象来看,相关研究有的关注身份认同整体,有的关注特定的身份认同,如性别、国家、民族、文化认同等等。从研究目标来看,有的试图揭示身份认同在青少年儿童身上的发生机制;有的通过田野研究,探讨特定国家或地区的特定身份认同的现状及其成因;有的关注在教育中塑造身份认同的具体策略。以下对一些具有代表性的、对身份认同教育或有重要参考价值的研究进行梳理。

不论在国内还是国外,当前教育领域最为关注的都是国家认同以及与之相关联的民族、政治、文化认同。这是由于在全球化背景下,民族国家乃至地方共同体的完整性都在受到挑战,而身份认同则涉及自我与他人、内群与外群的界定和划分[①],因此国家身份认同成为了全球热议的话题。在这样的环境下,各国青少年儿童越来越频繁地接触到世界范围内不同国家和民族的文化。同时,教育国际化的推进导致教育过程中的教师、教学资源、教学方式都可能受到别国文化和教育模式影响,学生的国际流动也日益增多,这就使得青少年儿童国家认同的形成过程更为复杂,在教育中塑造国家认同更受重视。

早在1950年代,皮亚杰(Jean Piaget)就开始关注儿童国家身份的形成,通过实验发现该过程具有阶段性。皮亚杰的实验结论将儿童国家身份形成过程区分为7岁前的无意识、8—9岁的理解地域关系、10岁起将国家看作实体这三个阶段。但这一结论在当前可能已不再有效。巴雷特(Martyn Barrett)在本世纪初针对多个国家的儿童展开的实验发现,从儿童期中期开始,国家认同形成过程变得多样和复杂,而皮亚杰的结

---

① 周晓虹.认同理论:社会学与心理学的分析路径[J].社会科学,2008(04):47.

论忽视了社会环境的差异对儿童身份认同发展的影响。巴雷特建构了儿童国家认同的心理结构(包含情感和认知两个方面)及外在表现的框架,并据此设计量表。他的研究发现,在当前,家庭、学校和媒体三者对儿童主观民族认同感的发展具有重要影响。儿童国家概念的形成仍然具有阶段性特征,通常在儿童5岁左右产生对自己国家群体的偏好,6岁前后儿童能自发地以自己所属的国家来描述自己。但更具体的发展阶段划分则多有特例,证明了不同国家地区在这方面存在差异。而且,调查结果显示,儿童国家认同在对国民身份的重视程度方面,存在两种发展模式:6岁前后就高度重视并持续发展,与6岁时并不重视国民身份、到12岁的阶段才逐步上升[1]。巴雷特的研究方法和结论对于在教育中评估和干预儿童国家认同的形成有重要意义,便于教育者针对不同年龄阶段,依据本国家和民族的特点,提供相应的引导和支持。该研究成果已经成为许多后续相关研究,特别是儿童国家认同发展研究的参照和基础。

巴雷特的研究对各国身份认同教育有两方面的重要启示:一方面,身份认同教育需要同时注重家庭、学校、媒体对儿童身份认同形成的重要作用;另一方面,各国各民族儿童的国家认同、政治认同、文化认同等形成的年龄阶段特征各不相同,为了更好地进行身份认同教育,需要对本国儿童的身份认同形成的年龄阶段特征进行研究。

温特曾指出,群体身份认同的状态反映了该群体对国际合作或冲突的态度[2],而与此同时,国家之间、文化之间的碰撞冲突也往往难以避免。因此在人们的身份认同之中,还需包含对一些全球公认价值的认可,如普适性的人权观念、对多元文化的包容等,以避免冲突[3]。因此,现有研究一方面关注国家认同教育的重要性,另一方面也关注如何在保有国家认同的同时培养国际意识、减少国际冲突。如帕尔门特(Lynne Parmenter)针对日本初中学生的研究发现,日本学生的实际国家认同状况与日本文部科学省预设的目标意识形态有着较大差异,而这可能是文部科学省预设的日本国家认同内涵及相应的教育策略未能及时应对全球化环境和多元文化背景做出调整带来的

---

[1] Barrett M. The Psychological Development of National Identity [J]. Estudios de Psicología,2013,34(1):9-18.
[2] 聂文娟. 群体情感与集体身份认同的建构[J]. 外交评论(外交学院学报),2011,28(04):85.
[3] Reimers F. Citizenship, Identity and Education: Examining the Public Purposes of Schools in An Age Of Globalization [J]. Prospects,2006,36(3):275.

结果①。针对多民族国家学生的研究,往往聚焦学校的国家认同教育对少数族群学生的影响以及现有教育如何适应宗教信仰冲突,如以色列的阿拉伯中小学国家认同教育中的两难问题等。针对移民国家的研究聚焦于学校教育如何处理移民学生的国家认同问题,如对移民到英法等欧洲国家的学生国家认同的融合策略等。

身份认同除了在宏观层面关乎群内和群际关系外,相关研究也已经揭示了其对个体情感、态度、价值观、行为决策的显著影响,因此明确其关联和影响机制同样对于教育者采取相应的干预措施有重要意义。勒弗基(Deirdre V. Lovecky)的心理学研究显示,儿童道德感的发展高度依赖于稳定的自我观念和对与他人互惠关系的理解,而这两者的本质均为身份认同,关系到自我身份认同的形成和社会身份认同的形成。由于发现部分儿童相比其他儿童在年龄更小的阶段就表现出较强的道德感,如懂得照顾别人、倾向于同情和解除他人痛苦,甚至能初步理解正义和公平等概念,勒弗基试图分析造成这一差异的原因,从而揭示儿童道德感的形成机制。该研究显示,儿童的自我观念自一岁就开始逐渐形成,受儿童与其他个体的互动方式影响极大,尤其是父母早期和孩子的互动。在这一阶段,儿童开始随着自我身份认同的形成,对其他个体的情绪表达进行模仿,形成移情作用,并逐渐发展为道德判断,而这甚至并不必然要求儿童对其有明确意识和理性思考②。

(二) 关注身份认同的国际教育理念

身份认同对教育的重要性、在全球化时代的紧要性、以及身份认同研究的现有成果,共同促使全球教育者将身份认同教育理念融入到现有的教育目标体系中。以下展现的是国际上一些较有影响力的教育理念中与身份认同教育相关的部分。

成立于1960年代的国际文凭组织(International Baccalaureate Organization, IBO)是一个在联合国教科文组织注册的国际非盈利教育基金会,创立初衷是为世界各国的外交官子女等国际流动学生提供共同的课程框架,并使其学习成果获得世界各国大学的认可。发展至今,全球119个国家和地区目前已有1468所可颁发IB文凭的

---

① Parmenter L. Constructing National Identity in a Changing World: Perspectives in Japanese Education [J]. British Journal of Sociology of Education, Dec., 1999,20(4): 453-463.
② Lovecky D V. Identity development in gifted children: Moral sensitivity [J]. Roeper Review, 1997,20 (2): 90-94.

学校,覆盖3—19岁年龄段。IB的教育理念指导了其课程体系建设和评估,其理念旨在倡导国际主义和对不同文化的尊重,培养热爱探究、知识渊博、具有人道主义精神、全面发展的、有社会责任感的人。IB小学阶段项目的课程框架中,设定了六大跨学科主题,第一个主题就是"我们是谁",其中包括"对自我本质的探究;信仰与价值观;个人、身体、心智、社交和精神等方面的健康;各种人际关系,包括家庭、朋友、社区和文化;权利和责任;作为人的意义何在",这些内容直接指向身份认同教育。在其他跨学科主题中,也有多个元素围绕个人身份认同或群体身份认同而设置:"我们身处什么时空"中的"个人经历""家庭","我们如何组织自己"中的"人类创造的制度与社区的相互联系","共享地球"中的"群体/社区以及他们内部与之间的关系、和平与解决冲突"等,这些内容均与身份认同密切相关。IB的课程框架强调将这些内容转化为对关键概念的理解和对课程中心思想的掌握,并融入各学科中进行教学,而不是仅仅在德育类课程中进行教学。从课程框架中也可以看出,IB教育理念全面考量了身份认同塑造的多个方面,并将其置于非常重要的位置①。

经济合作与发展组织(OECD)通过"素养的界定与遴选:理论和概念基础"(Definition and Selection of Competencies: Theoretical and Conceptual Foundation,简称:DeSeCo)项目研究,汇集了成员国共同理念,形成了学生应对21世纪多种挑战所必须具备的核心素养框架。这些素养被概括为三个方面:能交互地使用语言和技术等工具、能在社会异质群体中互动、能自主行动,每个方面又包括若干具体能力。其中,"能在社会异质群体中互动"、"能自主行动"均与身份认同教育密切相关。根据DeSeCo报告的内容,能在社会异质群体中互动,需要具备与人和谐相处的能力、与人合作的能力、管理和解决冲突的能力;能自主行动,需要具备在复杂大环境下行动的能力、形成并执行个人计划或生活规划的能力、保护及维护权利、利益、限制与需求的能力。从报告对这些具体能力的诠释可以发现,在异质社会群体中互动的能力和自主行动的能力均需要以积极的身份认同为基础。与他人和谐相处、进行合作、管理和解决冲突,意味着要求学生能够共情、能够换位思考、能理解人与人的互惠关系;在复杂大

---

① Making the PYP happen: A curriculum framework for international primary education [M]. Cardiff: International Baccalaureate Organization, 2007.

环境下行动意味着人必须将自身的行动和决策置于一个更大的语境来考虑：认识自己在社会中的位置，为了维护自身的利益需要对自己的身份以及相应的权利和义务有所认识，这些也是形成积极的社会身份认同的条件。形成并执行个人计划或生活规划，意味着必须对自己的丰富独特性有足够了解，认识到自己的能力、价值和目标所在，这也是形成积极稳定的自我身份认同的条件。因此，OECD核心素养框架的培养目标中，包括了身份认同教育的目标，其对相关能力的分析框架、研究成果、以及以此框架实施的教学策略，均可为身份认同教育提供参考[①]。

三、中国语境下身份认同教育的内容构成

（一）身份认同与立德树人教育目标的内在关联

自2012年党的十八大报告提出将立德树人作为教育的根本任务以来，立德树人的内涵不断地被解读，尤其是2018年习近平总书记在全国教育大会上的重要讲话从多个方面对立德树人教育根本任务做出了全面、详尽的诠释。总书记在讲话中提出，要达到立德树人教育目标，必须在坚定理想信念、厚植爱国主义情怀、加强品德修养、增长知识见识、培养奋斗精神、增强综合素质六个方面下功夫。而这六个目标都蕴含了必须在教育的过程中关注学生身份认同的形成这个必要条件。其中，前两者本身即为身份认同的内容；后四者则必须以积极的身份认同为基础。

坚定理想信念，指的是引导学生树立共产主义远大理想和中国特色社会主义共同理想，从而能有肩负民族复兴的时代重任的志向。厚植爱国主义情怀，指的是要让爱国主义精神在学生心中牢牢扎根，从而立志扎根人民、奉献国家。这些都体现了对中国、中国共产党、社会主义制度的国家认同和政治认同以及对中华民族的群体认同。这意味着立德树人的教育根本任务要求学生树立与这些身份认同相符的情感、态度、信念，具有爱国爱党的情感和为之奉献的态度，坚定共产主义理想、中国特色社会主义理想和社会主义核心价值观的信念，从而使身份认同影响行为决策。

加强品德修养，指的是树立和践行社会主义核心价值观，从而成为有大爱大德大

---

① Rychen S, Salganik H. Definition and Selection of Competencies: Theoretical and Conceptual Foundations [R]. OECD, 2001.

情怀的人。如现有身份认同研究所揭示的,道德感的形成以稳定的自我身份认同为前提;同时,积极的身份认同在中国语境中,包含认同社会主义核心价值观、中华民族传统美德,从而直接影响个人道德感的形成及相应的行为决策。

增长知识见识,指的是引导学生增长见识、丰富学识,从而能够求真理、悟道理、明事理。培养奋斗精神,指的是历练学生敢于担当、不懈奋斗的精神,具有勇于奋斗的精神状态和乐观向上的人生态度。增强综合素质,指的是培养学生综合能力、培养创新思维。这三个目标的达成,首先必须以学生健全的人格和健康的身心为保障,也就是必须树立积极的自我认同;其次,个体的求知、奋斗和创造在很大程度上都必须依赖共同体完成,学习和工作的过程都必须与他人协作,这就意味着必须在学习共同体中树立积极的群体认同、社会认同;最后,只有先树立了积极的国家认同、政治认同、群体认同,才能将所学知识、奋斗精神、创新创造运用在指向共同体福祉的方向,实现其价值。

(二) 身份认同与中国学生发展核心素养的内在关联

中国学生发展核心素养是教育部组织研究团队,顺应党的十八大"将立德树人落到实处"的要求和《全面深化课程改革落实立德树人根本任务的意见》而提出的、中国学生适应终身发展和社会发展所需要的必备品格和关键能力。中国学生发展核心素养将立德树人的教育根本任务具体化,从而使宏观的教育方针转化为教育教学实践可用的、易于教育工作者理解的具体要求。从其概念和内涵解释可以看出,作为对"立什么德、树什么人"的解答,其中的多项素养和身份认同教育有着密不可分且明晰的内在关联。

中国学生发展核心素养分为三个方面,共包含六大核心素养:文化基础(人文底蕴、科学精神),自主发展(学会学习、健康生活),社会参与(责任担当、实践创新),六大核心素养中的每一个又分别包含若干基本要点。在18个基本要点中,与身份认同教育密切相关的是人文底蕴中的人文情怀,健康生活中的健全人格和自我管理,责任担当中的社会责任、国家认同感和国际理解。

人文情怀,指的是具有以人为本的意识,尊重、维护人的尊严和价值,能关切人的生存、发展和幸福等。正如勒弗基的研究所发现的,关爱他人福祉的道德感在少年儿童身上的形成,必须以稳定的自我认同和对互惠关系的理解为基础,简而言之就是在认识自我和他人异同的基础上具备换位思考的能力。因此,身份认同教育应当是培养人文情怀的必要条件。

健全人格,指的是积极的心理品质、自信自爱、有自制力、能够调节管理情绪、抵抗挫折等。自我管理,指的是正确认识与评估自我,依据自身个性和潜质选择适合的发展方向来分配时间与精力,以及达成目标的持续行动力。这两项与人的自我身份认同直接相关:正确地认识和评估自我是自我身份认同形成过程的重要步骤和自我身份认同结果的重要内容,对应的是身份认同理论中人对自身的丰富性和独特性的认识。从社会心理学的研究成果来看,积极的心理品质、自信自爱、积极的情绪调控等能力,这些都要以稳定的自我认同为基础,也需要积极的群体认同配合。因此,身份认同教育也是引导学生健康生活的必要条件。

社会责任的内涵较为丰富,包括做人诚信友善、懂得感恩、热心公益、敬业奉献、有团队意识和互助精神、对自我和他人负责、具有规则和法治意识、履行公民义务、维护公平正义、尊重大自然等等。国家认同则要求学生认同国民身份,能自觉捍卫国家主权、尊严和利益,能弘扬中华优秀传统文化和社会主义先进文化,热爱并拥护中国共产党,自觉践行社会主义核心价值观,牢固树立建设有中国特色社会主义的共同理想和实现中华民族伟大复兴的信念等。国际理解,指的是具有全球意识,尊重文化多样性和差异性,积极参与跨文化交流,关注人类共同面临的全球性挑战,理解人类命运共同体理念和价值等。这三个要点正是身份认同教育的重要内容。在社会认同理论中,具备这些素养就意味着能够认识到群体成员身份所对应的情感和价值意义。理解并履行社会责任,即认识到自己具有的社会身份,树立积极的社会身份认同,而这又必须以稳定的自我认同和理解人与人之间的互惠关系为基础。国家认同即认识到自己的国家、民族、政治、文化身份,树立积极的群体认同,这本身也是各国身份认同教育最为重视的部分。国际理解则是全球各国各民族和睦共处的关键条件,正如二战后的大量身份认同研究所揭示的那样,国家、族群的冲突纷争往往来自于消极的群体认同,而避免冲突和进一步互利互惠则意味着必须在群际之间建立类似于人际之间的身份认同模式,理解自身的丰富独特性的同时理解尊重他群。而人类命运共同体和可持续发展的理念,更要求建立作为全人类这一群体成员的身份认同,建立作为地球的一员的身份认同,并认识到相应的责任。因此,身份认同教育是培养学生责任担当的必要条件。

(三) 身份认同与道德与法治课程的内在关联

当前我国义务教育阶段的身份认同教育主要依托道德与法治学科的教学进行，2022年之前道德与法治课程所依据的课程标准有《义务教育品德与社会课程标准（2011年版）》《义务教育品德与生活课程标准（2011年版）》《义务教育思想品德课程标准（2011年版）》。高中阶段的身份认同教育则主要依托思想政治学科实施，对应的课程标准有《普通高中思想政治课程标准（2017年版2020年修订）》

《义务教育品德与社会课程标准（2011年版）》适用于小学中高年级学生，其基本理念的核心是帮助学生参与社会、学会做人。从课程内容的角度来看，品德与社会课程标准已经蕴含了身份认同教育的内容，但线索并不明晰，并未有意识地将其作为学科核心素养进行培养。课程目标分为情感态度价值观、能力与方法、知识三个方面，其中直接属于身份认同教育范畴的是情感态度价值观中的爱国情怀、多元文化意识、国际理解的相关内容，还包括能力与方法中的认识自我的相关内容。其他的课程目标中有一部分需要以积极的身份认同作为基础，如积极的生活态度和情绪调控能力来自于积极的自我认同，规则意识、法治观念、公益心等则来自于积极的公民身份认同，表达交流合作能力则受所在群体身份认同的影响。另一些课程目标则对塑造积极的身份认同有辅助作用，如关于家乡、祖国和世界历史的知识有助于构建积极的国家和民族认同，法律、消费生活、技术等方面的知识则有助于构建积极的公民身份认同。课程内容则分为个人（我的健康成长）、家庭（我的家庭生活）、学校（我的学校生活）、社区（我的社区生活）、国家（我们的国家）、世界（我们共同的世界）六个板块，基本涵盖了身份认同过程发生的各个层面，并且提出了一些有助于身份认同建构的教学设计建议。如在"我的健康成长"板块中，第一个课程内容建议就是"了解自己的特点，发扬自己的优势，有自信心，知道人各有所长，要取长补短"，非常契合自我身份认同的形成机制。

《义务教育品德与生活课程标准（2011年版）》适用于小学低年级学生，以培养学生良好品德与行为习惯、乐于探究、热爱生活为目标。课程内容整体结构与品德与社会课程相近，但由于针对的是小学低年级，所以更强调贴近该年龄段学生的生活情境和认知水平，以初步培养良好习惯和品德为主，强调各类原则和意识形态的课程目标较少，其中与身份认同教育相关的课程目标有爱祖国、爱家乡、爱集体等国家认同和集体认同教育,以及有助于培养学生社会身份认同的文明行为、同伴交往等内容。

《义务教育思想品德课程标准(2011年版)》适用于初中生,其总体目标是促进初中学生道德品质、健康心理和公民意识的进一步发展,形成乐观向上的生活态度,逐步树立正确的世界观、人生观、价值观。具体课程目标同样分为情感态度价值观、能力、知识三个方面,其中直接属于身份认同教育范畴的内容有情感态度价值观中的"热爱集体,热爱祖国,认同中国文化,弘扬民族精神,有全球意识和国际意识,热爱和平"和"……养成自尊自信……的人生态度"。在其他目标中,一方面有许多课程目标需要以积极的身份认同为基础,如爱护环境、尊重他人、有责任心、有法制观念、参与社会公共生活、能以正确的价值观做出道德判断和选择、能调控情绪、自主自立、敢于竞争等。另一些课程目标则对培养积极的身份认同有辅助作用,如掌握交往沟通的技能、了解青少年身心发展常识以及个体成长与社会环境的关系、了解我与他人和集体关系的基本知识、理解人类与环境的关系、了解我国基本国情国策和当今世界发展现状趋势等。思想品德课程以初中学生逐步拓展的生活、日益增多且需要处理的各种关系为基础,提出为学生正确认识自我、处理好与他人、集体、国家、社会的关系提供必要的帮助这一理念,因此课程内容标准分为"认识自我""我与他人和集体""我与国家和社会"三个板块,基本涵盖了自我身份认同、群体身份认同、社会身份认同、国家身份认同的内容,可以说已经具备了对身份认同进行引导的潜在线索,并且遵循了身份认同理论中积极的自我身份认同是良好的道德感以及社会认同的基础这一规律。

《普通高中思想政治课程标准(2017年版2020年修订)》由于课程性质的不同,相较于义务教育阶段课程标准,政治认同和国家认同的相关内容占据了更大比重,尤其是政治认同被明确为首要的学科核心素养。同时,高中思想政治课也强调培养学生的法治意识和公共参与,因此也包含了公民身份认同教育相关内容。高中思想政治课程标准与初中道德与法治、高校思想政治理论课程的相互衔接,整体形成了较为连贯的体系。

从以上课程标准可以看出,身份认同教育在道德与法治学科教学目标中占据了非常重要的地位。首先,道德与法治学科的课程目标中,本身即包含了塑造积极的自我身份认同、社会身份认同、国家认同这些重要培养目标;其次,课程目标中大部分的情感、态度、价值观以及能力的培养必须以积极的身份认同为基础;最后,课程目标中的部分能力和知识目标的实现,对塑造积极的身份认同能起到辅助作用。可以说,上述课程标准同时体现了对作为过程的身份认同的教育引导以及作为结果的身份认同对促进学生道德品质、社会参与和身心健康发展的关键意义,也就是说,身份认同从实质上来说是义务教育道德与法治学科的核心素养之一。

(赵孟仲)

第三章　学科核心素养：道德判断

对于青少年的成长而言，道德心理发展至关重要。然而在社会背景愈加复杂、价值观愈加多元化的新时代，青少年作为心理尚未发展成熟的个体，往往在面对纷繁多样的问题时，由于自身道德认知水平不高而产生道德困惑或者迷失，亦易受外界影响模糊自身的道德标准，甚至走入道德误区。道德判断作为道德心理的主要构成，常常影响着青少年的善恶观、是非观，也正因此，良好的道德判断能力可以说是一个人的优良道德品质得以形成的基础性条件，不仅有助于促进学生的认知发展，帮助他们明辨是非，还能使他们更加从容地面对学习生活中乃至未来将要面对的各种问题，提高他们的社会适应能力与社会性发展能力。

一、道德判断的内涵

（一）道德判断的概念解析

"道德"一词对应的英文词汇为"morality"，该词源于拉丁语"mores"，有习惯、风俗之意。在中文语境下，"道德"一词的较早用法可追溯至《道德经》，老子认为代表自然客观规律的"道"决定了人类社会的"德"。"道"与"德"的合用始于春秋战国时期，荀子认为"道德"意味着人在各种关系中表现出的道德品质、境界及调节这些关系的原则和规范，其价值在于推动个体身心发展及群体的和谐，实现更美好的社会与生活。

科尔伯格（Lawrence Kohlberg）认为，道德判断是主体依据已有的道德观念和标准对自己或他人的行为进行道德推理、作出价值判断的逻辑思维过程。道德判断是道德情感、道德意志得以生发的必要基础，是左右道德行为的根本因素，最能彰显个体的道德认知水平。① 在科尔伯格看来,道德判断有内容与形式之别,其内容指对道德问题做出的"对/错"、"应/不应"的回答,其形式则指做出这一回答的具体理由及其推理方式。实际上,不同学科如心理学、伦理学等对道德判断都有所关注,它们结合自身的领域特性对此做出了不尽相同的阐释。在心理学界,有学者认为个体进行道德判断的过程即是表达个体的道德价值、道德责任与道德诉求的过程;②道德判断建立在由某些文化或亚文化规定的道德标准之上。③ 在伦理学界,有观点认为道德判断是对某一行为的善恶好坏进行道德的评价,而道德判断作为一种价值判断,常带有判断主体的个人观点、情感、信念等色彩。④ 总之,无论关于道德判断的观点如何,实际上都体现出道德判断的自身价值与重要意义,即个体的道德判断既制约着自身的道德认知水平,又调节着其社会行为,进而对人际互动与社会发展的规范产生不可忽视的影响。

在有关道德判断的构成研究中,一种较受认同的观点是将道德判断区分为道德评价判断、道德规范判断及道德指令判断。⑤ 道德评价判断是道德判断中最为基本的形式,即根据特定的道德规范体系,对道德现象或行为做出善或恶、道德或不道德的价值判断,它关涉着人的价值观念、认知立场、思辨能力等诸多方面。作为人类道德活动中的重要组成,道德评价判断对形成个人品格、和谐人际关系、改善社会风貌具有不可忽视的意义。道德规范判断是主体就某些道德行为是否符合社会已有道德规范而做出的判断。道德规范意味着某种社会关系在人们观念中的映射,其能以受到普遍认可的道德准则对行为主体进行引导和约束,帮助其对道德行为做出断定、校正与重新选择。道德规范判断以道德评价判断为基础,但因其彰显着社会的理性要求,又多以准则等形式被呈现,故较后者更加具有权威性、具象性。道德指令判断多带有告诫、命令、号召之意,常常是针对具体的道德情境或事件做出的具有"非此即彼"性质的明确判断,其具有的这种性质使得道德指令判断需建立在道德评价判断与道德规范判断的基础之上,但又不具备评价判断的广泛性和规范判断的普遍性。总之,这三种道德判断既

---

① 科尔伯格.道德发展心理学[M].郭本禹,何谨,黄小丹等译.上海:华东师范大学出版社,2004:1—2.
② 叶红燕,张凤华.从具身视角看道德判断[J].心理科学进展,2015,23(08):1480—1488.
③ 曹晓君.道德判断加工机制理论对学校道德教育的启示[J].中国德育,2015(03):14—18.
④ 朱贻庭.伦理学大辞典[M].上海:上海辞书出版社,2002:38.
⑤ 陈建兵,黄富峰.论道德判断[J].齐鲁学刊,2006(03):136—139.

互相区分又互相渗透,道德评价判断是另外两者的基础,规范判断是对评价判断的提炼与总括,指令判断则是规范判断的特殊化,三者合力构成"具体——一般—具体"的运作过程,在调和人际关系、社会关系的过程中发挥着重要作用。

(二) 道德判断的理论源流

作为道德判断研究中的重要议题,历史上对道德判断是认知推理的加工过程还是情绪驱动的自动直觉过程有许多探讨和争论。在哲学层面,康德与休谟是对此进行研究的代表性人物。康德(Immanuel Kant)基于先验主义原则,主张理性因素是道德行为产生的基础,道德推理促成了道德判断;与此同时,休谟(David Hume)则更强调情感的重要作用,主张情感是道德判断形成的决定因素。二者的不同观点促成了现代心理学研究中两种观点的较长时间对立。

皮亚杰(Jean Piaget)和科尔伯格是传统的道德判断理论的代表人物,他们均赞同康德的观点,认为道德推理促成了道德判断的产生,且这种道德推理是受认知发展控制的。[①] 这种观点呈现出聚焦道德认知而忽视道德情绪与行为的倾向。他们认为,伴随人的生理和心理年龄的增长,其道德判断水平也在不断变化。皮亚杰发现儿童内在的认知水平发展具有阶段性特征,通过弹珠游戏、对偶故事法等将儿童的道德发展水平划分为自我中心、权威、可逆性、公正四个阶段;科尔伯格在此基础上,运用道德两难故事法,以有意识的道德推理为关注对象,认为道德发展阶段存在前习俗水平、习俗水平、后习俗水平的三个水平六个阶段。科尔伯格的认知发展阶段理论主张尊重青少年的主体地位,强调发展学生的批判性思维与决策能力,以实现学生的道德推理与判断能力的提升,该理论使得精神分析学派和行为主义不再在道德心理学领域占有绝对的话语权,并成为今后道德教育理论研究的重要心理学基础。20世纪早期的发展心理学家在研究道德相关问题时多沿用了这一观念。

不过,伴随20世纪末的"情感革命"和"自律性革命"的冲击,情绪、情感在道德判断中的作用得到重视,以此为契机出现了一些与传统的道德判断理论相异的理论。启发式道德判断理论的代表人物巴伦(Jonathan Baron)等认为,人在进行道德判断的过

---

① Murphy F C, Wilde G, Ogden N, Barnard P J. Assessing the automaticity of moral processing: Efficient coding of moral information during narrative comprehension [J]. The Quarterly Journal of Experimental Psychology, 2009, 62(1): 41-49.

程中并没有经过认知推理或情感参与,而是主要依托过去的经验开展,①这种启发式(heuristics)道德判断可以说是无意识层面的自动化过程,虽然其能较为简便高效地解决问题,但也恰恰由于这一过程的快速性可能导致一定程度的决策偏差。② 此外,还有一种类似的主张,认为人的先天道德语法结构左右着道德判断,③这一观点有助于解释人们在实际道德情境中的快速判断以及这种判断的普遍性特征,不过还有待于更严密的实证支持。

社会直觉理论的发现建立在当时心理学界对情绪研究日益重视的基础之上,情绪因素在道德判断中的作用也受到了海特(Jonathan Haidt)等人的注意。社会直觉理论认为道德判断是由道德直觉而非道德推理主导的,该观点强调人对道德事件的反应受情感与直觉的驱动,而道德推理往往作为对道德判断结果的解释而处于次要地位。④ 在此思路下,要改变个体的道德判断,就需先改变个体的道德直觉与情感加工方式。⑤ 后来,海特在社会直觉模型的基础上提出了道德判断的五种基准理论,其中包含的五种基本道德内容为:关爱/伤害、公平/欺骗、忠诚/背叛、权威/颠覆、洁净/堕落。⑥ 该理论强调了道德心理发展过程中文化环境、社会说服等社会文化因素的重要作用,揭示了道德判断兼具的个人活动与社会活动的双重性质。

在社会直觉理论的基础上,又先后产生了双重加工理论、事件—特征—情绪复合模型理论。双重加工理论由神经伦理学家格林(Joshua Greene)等人提出,道德判断存在着双重加工特性,情绪与认知均会作用于个体的道德判断。具体来说,就是人脑中同时存在着认知系统与情感系统,二者相互独立又相互竞争,共同对个体的道德判断

---

① Unstin C R. Moral heuristics [J]. Behavioral and Brain Sciences,2005(28):531-573.
② Sinnott-Armstrong W, Young L, Cushman F. Moral Intuitions as Heuristics [M]//J Doris, G Harman, S Nichols, et al. Sinnott-Armstrong & S. Stich (Eds.), The Oxford handbook of moral psychology. Oxford:Oxford University Press, 2010,23(1):83-93.
③ Mikhail J. Universal moral grammar:Theory, evidence and the future [J]. Trends in Cognitive Sciences,2007(11):143-52.
④ Haidt J. The emotional dog and its rational tail:A social intuitionist approach to moral judgment [J]. Psychological Review,2001,108:814-834.
⑤ Haidt J. Morality [J]. Perspectives on Psychological Science,2008(3):65-72.
⑥ 张梦圆,苑明亮,寇彧.论西方道德心理研究的新综合取向:道德基础理论[J].北京师范大学学报(社会科学版),2016(01):50—59.

产生重要影响。① 在进行道德判断时,二者会被不同程度地激活并进行活动,而个体最终做出的道德判断正是这两个系统竞争的结果——当认知系统占优势时,个体更倾向于做出集体利益最大化的结果论道德判断,当情感系统占优势时,个体更倾向于做出非功利性的义务论道德判断。② 不过,双重加工理论还存在一定的不足,如难以对社会环境影响道德判断的机制做出解释,难以对涉及个人或非个人的道德推理加以区分等。对此,摩尔(Jorge Moll)等人从认知神经视角提出了事件—特征—情绪复合模型,该模型包含了三个基本成分,即结构化的事件知识、社会知觉和功能特征、中枢动机状态,这三个基本成分会激活大脑中的不同区域,进而对道德判断行为产生影响。该模型认为,认知与情绪二者以相互整合的方式共同影响着个体的道德判断,情绪多则倾向做出道义判断,情绪少则倾向做出功利判断。但不管在何种情况下,情绪情感都发挥着主导性、决定性作用。总之,双重加工理论和事件—特征—情绪复合模型虽然在道德判断过程中情绪情感的贡献及其与认知加工的关系问题上存在分歧,但是二者和社会直觉理论都肯定了道德判断中情绪情感的重要意义。

二、道德判断能力培养的国际经验

(一)道德判断能力培养的教育实践探索

20世纪六七十年代,科尔伯格在皮亚杰的道德发展研究基础之上,通过一系列道德实验研究,提出了两个以发展人的道德认知力为目标的著名德育模式:新苏格拉底德育模式和新柏拉图德育模式。新苏格拉底德育模式受苏格拉底"产婆术"启发而产生,其核心是通过课堂讨论,激发对两难问题的思考,促进学生道德认知能力的发展,培养具有高水平德性的人。但科尔伯格发现该模式的培养目标(尤其是对低年级儿童而言)难以达到,为此,他又提出一种了新的学校德育模式——新柏拉图德育模式。该模式强调在团体氛围中培养道德能力,将道德问题的探讨拓展至校内外多个方面而不

---

① Mcclure. Conflict monitoring in cognition-emotion competition [M]//J. J. Gross (Ed.), Handbook of emotion regulation. New York: Guilford Press, 2007, 204 – 226.
② Cushman F, Young L. Our mutli-system moral psychology: Towards a consensus view [M]//J Doris G. Harman S, Nichols J, Prinz W. Sinnott-Armstrong, Eds., The Oxford handbook of moral psychology. Oxford, UK: Oxford University, 2010: 1 – 16.

限于课堂,使学生在民主氛围中"学民主"而非在课堂上接受"教民主"。① 该模式突破了前者培养道德尖子的局限,将以"公正团体"来培养绝大多数健康公民为重点,使学生有机会通过主体参与获得更高水平的公正意识教育,进而较前者更有助于实现道德发展。在此影响下,该时期的美国小学德育课程依托道德认知发展论建构了以培养学生的道德判断力、增强德性修养为目标的成熟体系。到了八十年代,科尔伯格道德认知发展论的日趋成熟和广泛传播,加深了其与其他德育理论的融合。1989年,美国课程发展与管理协会在一份学校德育报告中提出,德育课程应超越单纯的知识领域,也就是说不能停留于教给学生什么是善、恶,而是要让学生在道德讨论与实践的过程中自主对善恶做出判断,使学生的道德决策能力得到发展。该时期美国小学德育课程在课程体系建构上,以发展人的道德判断能力为中心,对多种德育理论流派加以整合;在课程开发上,以儿童的道德认知能力发展为目标,生发丰富多样的教学方法;在课程实施上,重视教育者主导的课堂教学及道德氛围与活动的意义。进入21世纪,美国继续关注具有良好的行为规范与道德判断能力的主体培养,在内容上以贴近社会生活、关注品格为重点,倡导诚实勇敢、勤奋刻苦、宽宏大度等价值观与道德品质,坚持通过研讨道德问题、角色扮演等活动方式,培养学生的道德判断能力。

在亚洲地区,自20世纪七八十年代始,韩国学校道德教育在人本思想的指导下,将促使学生学习核心道德规范、形成道德判断能力与自律能力、建立公民与国家意识、发展道德品格等作为学校德育工作开展的总目标。② 20世纪末,汉城大学道德课研究会在韩国教育部咨询报告中对此做出更为详尽的说明:培养学生具有韩国人的基本道德规范;发展学生的道德判断力,使其能够恰当地解决实际情境中的道德问题;引导学生培植国家意识,爱护民族传统品质与民族理想,培养作为韩国公民应有的态度、能力与行为习惯;使学生意识到道德对人生、社会的重要性,能够尊重他人,同时提高道德判断能力以便理性解决日常生活中的道德冲突等。③ 日本文部科学省将"道德性"界定为"是人为追求人之为人的存在方式和更好的生存方式而践行的道德行为,并使

---

① 冯增俊.当代西方学校道德教育[M].广州:广东教育出版社,1993:61.
② 孙玉杰.关于韩国民族精神培养体系的几点思考[J].科学社会主义,2003,(5).
③ 张社强.日本、韩国、新加坡学校道德教育比较研究[J].思想理论教育导刊,2012(01):101—105.

之成为可能的人格特性。它是构成人格之基础,是各种道德价值在人内心中经过整合之产物。"①此外,文部科学省还将道德性的表现形态区分为道德情感、道德判断、道德实践态度等,这均凸显出日本的道德教育对内化的价值观与德行的关注。日本中小学的道德教育以"多角度地思考事物,通过深入思考自己的生活方式,培养道德判断力、道德情感及道德实践态度"为目标。在道德教育的方式上,日本采用直接与间接相结合的方式,在主要通过道德课开展德育的同时也依托其他科目进行渗透,如数理学科的课程标准就指出要培养学生的归纳推理能力,养成科学的生活态度,进而提高学生的道德判断能力与道德认知能力等。②

总之,注重发展学生的道德认知力是当代学校德育的重要特征,它们大多遵循科尔伯格的道德认知发展理论,将青少年道德判断能力的培养作为日常德育教学的重要目标,同时对传统的道德基本知识教学和行为训练方式加以改造,发展学生的道德情感、意志及认知,以便其能适应复杂多变的社会,并在具体的实际情境中做出最佳道德判断。

(二)国际核心素养理念中的道德判断

伴随信息技术的迅猛发展,新世纪的社会呈现出不同以往的形态与问题。在此背景之下,如何使青少年享有更成功、更幸福的生活,从容应对未来社会的诸多挑战,成为了当下教育的热点话题。这实际上是在追问应培养青少年怎样的核心素养,对这一问题的回答,不仅关乎新一代青少年的健康成长,更与国家的未来竞争力存在密不可分的联系。故自20世纪末以来,青少年的核心素养培养问题逐渐成为各国及国际组织的研究重点与热点。我们可以从以下几个目前较受关注的核心素养框架中入手,探索国际教育理念中的道德判断能力培养的基本观念。

1. OECD的核心素养框架

经合组织(OECD)于1997年开启"素养的界定与遴选:理论和概念基础"项目(简称DeSeCo),于2003年发布《核心素养:促进成功的生活和健全的社会》(Key Competencies for a SuccessfulLife and a Well-Functioning Society)报告,构建了核心素

---

① 日本文部省.小学校学习指导要领解说·道德编[M].东京:大藏省印刷局.2008.
② 吴维屏.德育课程厘定——以国外德育课程理论与实践为视角[J].外国中小学教育,2018,(10):76—80+54.

养的基本框架,2005年又以《核心素养的界定与遴选:行动纲要》(The Definition and Selectionof Key Competencies:Executive Summary)推动该框架的应用。核心素养框架大体分为三类:(1)使用工具进行沟通的能力,具体包括:使用语言符号及文本沟通互动的能力;使用知识与信息沟通互动的能力;使用技术沟通互动的能力。(2)与异质群体的有效互动能力,具体包括:与他人建立良好关系的能力;合作能力;处理冲突的能力。(3)自主行动能力,具体包括:在复杂大环境中行动与决策的能力;形成并执行人生规划和个人项目的能力;维护权益、兴趣和需要的能力。三者分别从人与工具、人与他人、人与自己三方面进行阐述,共同构建为有机联系的整体。可以发现,核心素养不仅包含了对知识与实践技能的要求,也对学生的态度、价值观、创新力等寄予期望。使这两方面得以整合的关键在于促使前者回归到个人与社会生活的实践中去,通过探究促进素养的发展。为此,"反思性(reflectiveness)居于核心素养之中心"。① 而且,这种反思性思维也是对人心智自主性的彰显。"核心素养拥有心智的自主性,这包含了一种对生活的主动且反思的取向。核心素养不仅要求抽象思维和自我反思,而且要求人们将自身与其社会化过程保持距离,甚至与其价值观保持距离,由此使人成为自身立场的原创者。"②这说明,作为一种高阶心智能力的核心素养,融合了创造性与责任心,意味着具有责任感的创造性,也可以说是道德的创造性。③ 可以说,对核心素养的追求最根本的任务就是使学生能在复杂多样的社会中超越单纯的知识,去完善个人的价值体系,展开道德思考,负责任地理解并参与解决重大社会问题,在复杂情景中做出明智的道德判断与选择,进而培养较高的行动自主性,在完善个人价值体系的同时创造更高的社会价值。

2. 欧盟核心素养框架

2006年,欧盟理事会(European Council)和欧洲议会(European Parliament)通过了核心素养的有关议案,意在以核心素养取代以读、写、算为代表的传统基本技能,从

---

① OECD(2005) The definition and selection of key competencies [Executive Summary] [EB/OL]. Available online at: http://www.oecd.org/dataoecd/47/61/35070367.pdf
② Rychen, D. & Salganik, L. Definition and Selection of Key Competencies [M]. Neuchatel: Swiss Federal Statistical Office, 2000.
③ 张华. 论核心素养的内涵[J]. 全球教育展望,2016,45(04):10—24.

而促使各成员国开展课程与教育变革。该议案将核心素养界定为"在知识社会中每个人发展自我、融入社会及胜任工作所必需的一系列知识、技能和态度的集合",①确立了母语交际、外语交际、数学与科学技术素养、信息素养、学习能力、社会与公民素养、首创精神和创业意识、文化意识与表达这八大素养,并对每个素养从知识、技能和态度三维度做出说明。八大素养中的"社会与公民素养"一项与道德判断能力存在直接联系。"社会与公民素养"意在使青少年掌握以有效方式处理生活或社会问题、解决冲突的能力,同时积极践行公民生活、参与社会活动。一方面,在参与社会的过程中,青少年常常需要在复杂多变的情境之中做出恰当的选择,而所有选择均是建立在判断的基础之上的。另一方面,公共领域中的诸多事项都关涉道德,学生的道德判断与选择总是会直接或间接地影响着自身的社会行为。总之,欧盟核心素养意在通过统整个人与社会、经济等方面的追求,以更具可迁移性的特征促使欧盟公民学会学习,并树立终身学习的理念。② 这一核心素养体系既关注学习科学基础上的个体内在品质的塑造与完善,亦凸显了问题解决的鲜明导向。③ 不过,由于各核心素养多着眼于结果而未明确提出对学生心智发展过程和能力的要求,《欧洲参考框架》还特别提及应充分发挥"批判性思维、创造性、首创精神、问题解决、风险评估、采取决策以及建设性管理情绪"在核心素养中的作用。④ 这些超越了上述的能力层次而更具高阶特征的能力主题实际上都与构建良好的人格特征密切相关,它们要求青少年要不盲目服从已有的某些常规性结论,而是利用建设性的论理方式提出质疑、思考、解释与判断,暗含着对学生的价值观念、道德判断、人生态度的关怀。为此,可以认为,尽管道德判断未被明确提及,但仍作为基础性暗线贯穿渗透于这八大核心素养之中。

---

① The European Parliament and the Council of the European Union. Recommendation of the European Parliament and of the Council of 18 December 2006 on Key Competences for Lifelong Learning [J]. Official Journal of the European Union,2009,(8).
② 刘新阳,裴新宁. 教育变革期的政策机遇与挑战——欧盟"核心素养"的实施与评价[J]. 全球教育展望,2014,(4).
③ 李艺,钟柏昌. 谈"核心素养"[J]. 教育研究,2015,36(09):17—23+63.
④ Gordon, Jean et al. (2009):Key competences in Europe:Opening doors for lifelong learners across the school curriculum and teacher education, Case Network Reports, No. 87, ISBN 978-83-178-497-2, Annex1:Key competences for lifelong learning — A European reference framework.

3. 美国核心素养框架

美国核心素养框架又名为美国"21 世纪学习框架"(Framework for 21st Century Learning)。2002 年美国教育部连同微软、苹果等私企及民间研究机构,共同成立了"21 世纪技能伙伴协会"(Partnership for 21st Century Skills,P21),着手研究适应信息时代所需的"21 世纪技能"。其研究成果目前已被美国越来越多的学校采纳,已成为引领美国乃至世界构建信息时代和知识社会课程体系的重要理论和实践基础。

21 世纪技能主要涵盖三大领域,一是学习与创新技能,包括批判性思维与问题解决技能(Critical thinking and problem solving skills)、交流技能(Communication skills)、合作技能(Collaboration skills)、创造力和创新技能(Creativity and innovation skills),四者简称为"4C 技能"。二是媒介和技术技能,包括信息素养、媒介素养、信息通信技术素养。三是生活与生涯技能,包括灵活性与适应性、首创精神与自我导向、社会与跨文化技能、生产性与责任制、领导力与责任心。在这三大领域之中,4C 技能所具有的高阶性、多维性、复杂性等特征,使其取代了以往重视读写算的 3R 技能(Reading,wRiting,aRithmetic),更适合帮助青少年应对全球知识经济时代中由人工智能、全球化等带来的新型挑战。而在 4C 技能中,批判性思维技能最为关键,许多国家都将其视为 21 世纪获得成功的首要技能,并纳入到各自的国家发展战略之中,亦成为各国教育改革中的核心议题。上世纪末的一项研究中,美国不同领域的批判性思维专家达成共识,认为批判性思维是一种带有目的性与自我调整性的判断,这种判断是基于对概念、证据、情境等的思考,并通过分析、评价、推理等得出的。[①] 结合这一定义来看,可以说批判性思维在德育情境中的运用就是依据一定的价值观念或标准,对道德现象进行反思从而巩固原有的或构建新的价值观念并进行价值判断;这种与道德的批判性思维相关联的道德认知活动实际上就可视为道德判断。如果学生在道德情境中缺乏批判性思维,那么在与他人的道德对话中就容易默认权威或从众,难以学会如何理性地思考道德现象、做出道德判断。总之,道德判断能力的培养与批判性思维是息息相关的,学生只有积极自主地运用批判性思维审视真实情境中的道德问题,才能有效提高道德判断能力,做出适切的道德判断。此外,生活与生涯技能一项也与道德

---

① 刘彦方(Joe Y. F. Lau).批判性思维与创造力[M].彭正梅,杨昕,赵琴,译.上海:学林出版社.2018:X.

判断存在联系,即在职业生活、社会生活的异质性与互赖性加剧以及信息化、全球化迅速发展的背景之下,为实现个人的成功人生、促进健全社会的发展,学生必须以正确的道德认知、情感与判断为指导,养成良好的人格品质与有益技能,作为自我与社会发展的驱动力量。

4. 日本"21世纪型能力"框架

顺应时代趋势,日本国立教育研究所于2013年提出"21世纪型能力"框架,该框架包括以基础力、思考力、实践力为内在逻辑的三层结构。而其中的思考力、实践力均与道德判断能力存在较为紧密的内在联系。思考力包含问题解决力·发现力·创造力、逻辑思维·批判性思维的能力、元认知·适应力,在日常生活中,学生往往需要解决在具体情境中面临的实际问题,在提高这种发现、解决问题的能力的过程中,需要学生开展自主自律的探究性学习,同时学会与他人合作,更为重要的是,问题解决的方式导向往往受学生的情感、态度及价值观念的影响,为此学生必须在问题探究过程中做出正确的道德判断与选择,通过积累积极的活动体验,提升开展理想行动的能力。实践力包含自律性活动的能力、人际关系形成的能力、社会参与力、对可持续未来的责任感等。这方面实践能力的实现,也需要学生在一系列渗透道德判断的实践活动中尝试适合不同情境的道德观念践行方法,同时强化道德观念,将所学内化为个人品格,为成为社会进步的推进者打下基础。

5. 总结

以上列举的这些核心素养框架,其制定者既有国家也有国际组织,但对核心素养的厘定,均聚焦在全球化、信息化时代对自我实现、公民生活、社会文化等领域提出的新需求之上。核心素养作为一种高阶能力,其具有一种"道德的创造性"的本质。这种能力要求青少年能够明智而具创造性地对复杂的问题做出判断、决策及采取相应的行动,同时这种能力更要建立在道德、人性、情感、责任等之上。"'人性能力'……其中便包括'道德'"。[①]正如OECD所指出的那样,核心素养的意义在于促进对个体与社会都具有价值性的结果产生,具备素养的人都是具有创造力且能对自我行为负责的人。

---

① 李泽厚. 伦理学纲要[M]. 北京:人民日报出版社,2010:102.

另一方面,我们不难发现,尽管道德判断能力很少在这些素养中被直接提及,但与核心素养存在着千丝万缕的联系。例证有二,一是在核心素养的众多次级指标中,往往有社会性、责任性的要求。也可以认为,核心素养不只是用来满足社会对个体的要求的,也是个体改造社会的重要因素,而在这种改造中必然秉持着一定的道德判断。二是正如OECD报告所言,"DeSeCo框架将个人品质与价值排斥在外",但这并不是因为忽视了这些内容,而是认为"个人品质和价值本身不是能力,而是能力发展的条件",[1]也就是说,个人品质和价值是核心素养框架默认的基本前提。不过,有意见认为后者的这种观点在逻辑上说得通,但在实际运用上存在矛盾,这也是值得我们关注的。[2]但无论如何,道德判断能力作为一种基本的素养,其重要性在世界范围内都是毋庸置疑的。

三、道德判断能力培养的国内经验

作为道德主体在实施道德行为前的重要心理过程,道德判断既是一种价值判断,又是一种事实判断,它既表达道德主体的态度倾向,又是对道德现象、道德行为真伪的判断。道德判断是道德选择的逻辑起点,道德判断能力是道德选择能力的前提。因此,如何培养学生的道德判断能力是当前学校德育的重要课题,是提高德育实效性的关键所在。

(一)道德判断能力培养的国内研究

早在20世纪90年代,我国德育研究者就指出了发展道德认知能力的重要性,而道德判断能力作为道德认知能力之一,也自然而然受到了关注。这一关注早期表现为对西方道德判断能力相关理论的引入与评介。冯增俊对以科尔伯格为代表人物的道德认知发展理论的形成、发展及其实践模式等进行了详尽的介绍,认为科尔伯格的思想对现代学校德育而言具有关键性意义。他认为,科尔伯格将人作为德育的主体,实现了德育教学模式从灌输记忆到认知发展的转变,同时指出其存在的若干问题,如过于强调道德认知能力而忽视了道德行动,过于注重道德判断的形式而忽略了内容等。

---

[1] OECD. The Survey of Adult Skills: Reader's Companion (Second Edition)[M]. Paris: OECD Publishing, 2016: 97.
[2] 高德胜.追求更有道德意蕴的核心素养[J].西北师大学报(社会科学版),2021,58(01):95—107.

就此冯增俊提出,学校应将学生的道德判断能力的发展作为德育的重要目标,给予学生以德育的主体地位,借鉴道德两难问题讨论法与公正团体法,使学生在社会参与中而非内容记诵中提高自身的道德能力。① 黄向阳在总结西方诸多德育模式的基础之上,指出学生的道德判断力、道德敏感性、道德行动力量的发展应是道德教育关注的重点;并且还针对聚焦道德判断力培养的认知性道德发展模式进行介绍,指出其缺陷在于带有西方的文化偏见、性别偏见、难以对发展的不可逆定理做出合理解释、忽略道德发展中的情感因素等;同时,主张我国在培养学生的道德判断能力的具体过程中,应坚持基于学生的发展水平与阶段来开展,既要关注道德知识的传授,也要注重道德思维的提高等。② 蔡志良认为,道德判断能力是主体在已有的道德知识与认识的基础上,对道德问题做出分析及善恶判断的能力;且这种能力在道德能力系统中占有承上启下的关键性地位。此外,他还指出道德判断包含道德的鉴别、评价及批判,这三方面是依次发展的。③

在此基础上,我国学者开始关注对道德判断能力的影响因素的研究,并从诸多方面展开探讨。从家庭教育与学校教育的视角来看,陈欣银的研究表明,青少年道德判断的发展水平与学校的教育关系密切,也与自身学业水平、校内同伴关系、地域经济状况等存在关联;④寇彧发现青少年自评的家庭亲密度水平越高,个体的道德判断水平就越高;⑤王挺等人认为家庭环境的成功性能积极引导中学生的判断能力的发展,而过度的控制性则会起到抑制作用。⑥ 此外,就情绪而言,彭明等人认为厌恶情绪可能导致更严厉的道德判断倾向;⑦吴永钦主张当判断个体处于积极或中性情绪之中时,个体的道德判断能力要较消极情绪状态下更低。⑧ 从社会距离的视角来看,有研究发现,当大学生从自我角度出发对道德两难问题进行分析、抉择时,其道德判断与决策水

---

① 冯增俊.当代西方学校道德教育[M].广州:广东教育出版社.1993:65—67.
② 黄向阳.德育原理[M].上海:华东师范大学出版社.2000:235—236.
③ 蔡志良.青少年道德能力培养的必要性与可能性分析[J].理论月刊,2005(06):162—165.
④ 陈欣银,项宇.我国青少年道德判断的发展及其相关因素研究[J].心理科学通讯,1990(1):23—27.
⑤ 寇彧.青少年道德判断发展及其与家庭亲密度的关系[J].心理发展与教育,1997,10(3):46—50.
⑥ 王挺,肖三荣,徐光兴.人格特质、家庭环境对中学生道德判断能力的影响[J].心理科学,2011,34(3):664—669.
⑦ 彭明,张雷.厌恶情绪影响道德判断的发展研究[J].心理科学,2016,39(5):1110—1115.
⑧ 吴永钦.不同情绪状态对在校学生道德判断能力的影响[D].上海:华东师范大学,2011.

平会低于从旁观者角度应对问题的水平。① 此外,还有学者从具身认知理论出发,认为清洁效应、身体温度等也会影响主体的道德判断。

目前,学界普遍认为实现学校道德教育的现代化转型,需要将德育重点从传授和讲解道德知识转向培养包括道德判断力、敏感性、选择力、行动力等在内的道德能力上。②③ 在如何培养道德判断能力方面,吴康宁强调道德教育应具有开放性,通过展示而非回避不同的道德判断取向或规范,引导学生对其合理性进行反思,促使学生经由开放式的价值澄清分析道德问题、自主得出道德结论,以便适应变化日趋频繁深刻的现代社会。④ 钟启泉认为道德判断能力实际上是个体内化道德价值原理的过程,故道德判断能力的培养绝不能依靠单纯的讲解或训话式灌输来达成,教师应该以儿童的经验为基础,关注他们的内心世界,在师生心灵互通的基础上引导儿童自发地将自我介入到有关的道德知识与原理中去。⑤ 在实际的学校教育实践中,将在道德与法治课堂上锻炼学生的批判性思维视为培养道德判断能力的重要方式的观点越来越受到认可和重视。这是基于批判性思维在德育情境中的独特地位,即在面对具体的、两难的道德现象时,学生应同时着眼于理性与感性的思考,这时对批判性思维的良好运用有助于其正确辨析、选择甚至生成合理的道德观念。⑥ 具体而言,可以通过朴实、深刻、思辨的课堂结构设计,明确发展道德批判性思维的目标,挖掘道德观点或现象的本质根源,促使学生能够动态、辩证地对道德问题进行推理与判断,提高他们自主认识生活、社会及世界的能力。⑦

综上,道德判断能力及其培养已成为道德教育领域的重要研究主题,也应成为我

---

① 闫春平,申鲁军,杨世昌. 等. 不同情绪状态下心理距离对大学生道德判断的影响[J]. 中国临床心理学杂志,2017,25(2):251—254.
② 王勤. 道德变迁与道德教育的发展[J]. 道德与文明,2000(04):34—38.
③ 黄向阳. 道德相对主义与学校德育[J]. 全球教育展望,2001(06):5—8.
④ 吴康宁. 教会选择:面向21世纪的我国学校道德教育的必由之路——基于社会学的反思[J]. 华东师范大学学报(教育科学版),1999(03):10—18.
⑤ 钟启泉. 儿童"德性"的形成及其环境影响分析——重新审视道德教育的方法论[J]. 全球教育展望,2001(06):23—30.
⑥ 王莐琪,叶飞. 批判性思维:德育主体对话的内在要求[J]. 中国德育,2019(17):32—34.
⑦ 曹广江. 朴实·深刻·思辨——例谈道德与法治课堂结构设计与风格创造[J]. 中学政治教学参考,2021(06):10—12.

国今后开展的道德教育中的重要内容。正如2013年习近平总书记在山东考察时所强调的:"国无德不兴,人无德不立。必须全面加强社会的思想道德建设,激发人们形成善良的道德意愿、道德感情,培养正确的道德判断和道德责任,提高道德实践能力尤其是自觉践行能力。"必须加强学生的道德判断能力培养,发展学生的道德认知,使其成长为适应新时代需求的自主型人才。

(二)道德判断能力培养与中国学生发展核心素养的内在关联

2016年,《中国学生发展核心素养》研究成果发布。该成果将中国学生发展核心素养分为三个方面,共包含六大核心素养:文化基础(人文底蕴、科学精神),自主发展(学会学习、健康生活),社会参与(责任担当、实践创新)。六大核心素养中每一个又分别包含若干基本要点。在这些基本要点中,与道德判断教育密切相关的是人文底蕴中的人文情怀,科学精神中的理性思维、批判质疑,健康生活中的珍爱生命、自我管理,责任担当中的社会责任、国际理解,实践创新中的问题解决。

人文情怀指"具有以人为本的意识,尊重、维护人的尊严和价值;能关切人的生存、发展和幸福"等。毋庸置疑,道德判断是主体对自身或他人的思想观念或实际行为进行的价值断定,在这个过程中,主体是判断之为判断的必要前提,因为这一主体正是能够自主行为、自我控制和自我规定的个体。为此,一方面,人文情怀为道德判断提供了基本依据——人文情怀关涉对个人作为生命和社会成员的存在的尊重,同时要求学生能够超越自身,实现对全人类、全球的关切,在这种价值观念的指引之下,学生的道德主体性更易得以唤醒,更能在冲突的道德情境之中明确应该以什么样的价值为重,进而为合理的道德判断与选择打下基础。另一方面,人文情怀中蕴含着的对自我或他人的尊重与关切及对人的积极性、能动性的追求,都是推动道德判断得以顺利进行的前提,它解决了谁在判断、为何能够进行道德判断的问题。值得一提的是,在健康生活的维度中,珍爱生命以"理解生命意义和人生价值"、自我管理以"能正确认识与评估自我"均与人文情怀相似地凸显了其自身与道德判断的内在联系。

在科学精神的维度中,理性思维与批判质疑都与道德判断存在关联。理性思维关注的是"崇尚真知,能理解和掌握基本的科学原理和方法;尊重事实和证据,有实证意识和严谨的求知态度;逻辑清晰,能运用科学的思维方式认识事物、解决问题、指导行为等。"批判质疑的重点是"具有问题意识;能独立思考、独立判断;思维缜密,能多角度、辩证地分析问题,作出选择和决定等"。皮亚杰和科尔伯格的传统道德判断理论都将道德推理视为道德判断的基础,尽管这一观点的绝对性曾经受到过质疑,但仍不妨碍理性认知在道德判断中的重要地位得到公认。实际上,道德判断涉及的认知推理本身就是锻炼理性思维与批判性思维的绝佳机会,因为当我们需要做出道德判断的时候,往往处于具体真实的两难情境之中,此时若要为自己坚持的判断进行辩护,就需要给予充分、详细而有力的论证,将支持个人判断的规范进行明确的分辨与表达,以彰显个体的道德原则。可以说,道德判断能力与理性思维、批判性思维能相互促进,一方面,某些特定的思辨训练在培养道德判断能力的同时,有助于理性思维与批判性思维的发展;另一方面,理性思维与批判性思维锻炼能有效增进学生的道德判断能力,它们可共同为科学精神在技术上与伦理上提供指引和动力。

在责任担当的维度中,社会责任、国家认同、国际理解都与道德判断存在关联。这三个基本要点都具有丰富的意蕴及不同的侧重,"社会责任"提出应"能明辨是非,具有规则与法治意识,积极履行公民义务,理性行使公民权利;崇尚自由平等,能维护社会公平正义"。"国家认同"提出应"认同国民身份""具有文化自信""理解、接受并自觉践行社会主义核心价值观"等。"国际理解"提出应"具有全球意识和开放的心态""能尊重世界多元文化的多样性和差异性,积极参与跨文化交流;关注人类面临的全球性挑战,理解人类命运共同体的内涵与价值"等。无论是社会意识、国家意识还是全球意识,实质上都是主体对与他人、社会整体的各种关系的衡量与思考。由于整个社会、整个国家、整个人类是相互联系的统一体,都会直接或间接地影响到个体自身,所以这些也都是主体进行道德判断的内容和对象,通过对其中各种冲突和矛盾的判定与处理,实现自身与外界的和谐发展。也就是说,主体对社会、国家和世界的使命感,对保障社会正常运行、促进世界更好发展的责任感,都建立在对这些问题的良好道德判断基础之上。

在实践创新的维度中,问题解决的要点提出"善于发现和提出问题,有解决问题的兴趣和热情;能依据特定情境和具体条件,选择制定合理的解决方案;具有在复杂环境中行动的能力"等。在问题解决能力的培养中,居于首位的就是学生问题意识的培养。而问题意识的培养,往往需要学生打破自身已有认知结构的平衡,激发好奇心与内驱力,在特定情境中产生困惑,以便发现问题、提出问题、探究问题、解决问题。无论是在日常生活中还是科学研究中,许多问题都或多或少地牵涉道德判断,或者道德问题本身就是我们要解决的重要问题,这就要求主体须通过多角度的思考与推理,尽可能地做出具有说服力的道德论断。可以说,在问题解决的过程中往往包含着对道德判断能力的需求。

总之,核心素养的发展与道德判断能力的培养息息相关,重视道德判断在人的发展中的特殊意义,有助于实现必备品格与核心素养的相互促进,实现人充分而全面的发展。

(三) 道德判断能力培养与道德与法治课程的内在关联

由于课程是教育思想、教育内容实施的主要途径,是学校教育活动的重要依据,故我国在实现立德树人教育目标的历程中,常常将深化课程改革作为切入点。课程改革的实现,有助于实现学校教育的革新,为人才培养减少体制机制阻碍,最终落实立德树人的任务。一般而言,青少年的道德教育主要依托学校教育尤其是课程来完成,而其中的道德与法治课程自然处于主导地位,为此,在思想品德类课程中融入道德判断力培养成为必然的选择。不过,通过对相关课程标准和统编教材[①]的考察可以发现,其对道德判断能力虽略有提及,但尚不明确,亦缺乏足够的重视。

在小学阶段,面向小学低年级儿童的《品德与生活课程标准》(2011版)提出"道德存在于儿童的生活中,德育离不开儿童的生活"的课程理念,意在明确将道德教育寓于儿童生活的方方面面,只有源于儿童实际生活和真实道德冲突的教育活动,才能引发他们内心的道德情感以及真实的道德认知。在课程目标上,使儿童初步"体验提出问题、探究或解决生活中的问题的过程";在课程内容上,要求儿童"能初步明辨是非,做了错事勇于承认和改正,诚实不说谎"。面向小学中高年级的《品德与社会课程标准》(2011)提出"帮助学生参与社会、学会做人是课程的核心"的课程理念,意在丰富学生的社会认知与内心世界,在社会主义核心价值体系的浸润中成长为品格良好的人。在课程目标上,要从能力与方法维度"学习从不同的角度观察社会事物和现象,对生活中遇到的道德问题作出正确的判断,尝试合理地、有创意地探究和解决生活中的问题";

---

① 本书撰稿之际,《道德与法治课程标准》还在研制中,故着重分析2011年修订、颁布的小学《品德与生活课程标准》《品德与社会课程标准》和初中《思想品德课程标准》以及2016年改名为《道德与法治》统编教材。

在课程内容上,包括"懂得做人要自尊、自爱,有荣誉感和知耻心。愿意反思自己的生活和行为"。相较于小学低年级课标,中高年级课标开始注重培养学生的自我意识,思考人的尊严与价值,锻炼学生初步的反思能力。

表 3-1 义务教育品德类学科课程标准中与道德判断能力培养的相关内容

课程标准	课程理念	课程目标	课程内容
品德与生活课程标准	道德存在于儿童的生活中,德育离不开儿童的生活	【过程与方法】 体验提出问题、探究或解决生活中的问题的过程	【遵守社会道德规范】 能初步明辨是非,做了错事勇于承认和改正,诚实不说谎
品德与社会课程标准	帮助学生参与社会、学会做人是课程的核心	【能力与方法】 学习从不同的角度观察社会事物和现象,对生活中遇到的道德问题作出正确的判断,尝试合理的、有创意地探究和解决生活中的问题,力所能及地参与社会公益活动	【我的健康成长】 懂得做人要自尊、自爱,有荣誉感和知耻心,愿意反思自己的生活和行为(教学活动建议:结合实例,举行有关善恶、美丑、荣辱等是非的辨析活动)
思想品德课程标准	帮助学生过积极健康的生活,做负责任的公民是课程的核心 坚持正确价值观念的引导与学生独立思考、积极实践相统一是课程的基本原则	【能力】 学会面对复杂的社会生活和多样的价值观念,以正确的价值观为标准,做出正确的道德判断和选择	【自尊自强】 能够分辨是非善恶,学会在比较复杂的社会生活中做作出正确选择 【积极适应社会的发展】 关注社会发展变化,增进关心社会的兴趣和情感,养成亲社会行为,正确认识好奇心和从众心理,发展独立思考和自我控制能力(教学活动建议:选取一个感兴趣的社会热点话题或现象,发表个人的意见和看法,并与同学交流)

在初中阶段,《思想品德课程标准》(2011)在课程理念中强调"做负责任的公民"、"坚持正确价值观念的引导与学生独立思考、积极实践相统一",意在引导学生初步了解社会、参与公共生活,成长为具有分辨能力的负责任的公民,同时以生活主题对学生进行正确的价值引导,使其能够在积极的道德践行中实现个人品格的健康发展。初中《思想品德课程标准》在课程目标上,从能力维度提出"学会面对复杂的社会生活和多样的价值观念,以正确的价值观为标准,做出正确的道德判断和选择";在课程内容上,

要求较小学阶段有所丰富,提出要"能够分辨是非善恶,学会在比较复杂的社会生活中做作出正确选择""关注社会发展变化,增进关心社会的兴趣和情感,养成亲社会行为。正确认识好奇心和从众心理,发展独立思考和自我控制能力。"

通过考察、研究可以发现,思想品德类学科课程标准中与道德判断能力培养的相关内容虽然会涉及"道德判断"的表述,但相比之下更多、更高频的关键词是"明辨是非""价值观念""反思""思考"等。这虽然体现出我国思想品德类学科对道德判断已具有了朦胧的关注,但还停留在较浅的层次,对道德判断能力如何实现却没有进行深度探讨。其最明显的展现就是思想品德类学科的教材内容更多地关注"为何"和"应何",而对"如何"的着力还存在很大的提升空间。以诚信教育这一主题为例,在"为何"上,教材要求学生在理解诚信的意义与失信的危害的基础上,实现"懂得真诚是人的美德"的目标;在"应何"上,教材提出要"做诚信的人,鄙视不诚信现象,以诚信的道德作为为人处世的准则",也可以说,教材为学生做出了不少具体的道德判断,但却忽视了这种自主判断能力的培养。实际上,在明了事理的"为何"与进行实践的"应何"之间,还存在着在复杂而具体的情境中怎么做出道德判断的"如何"之桥梁,而这正是引导学生进行道德判断的绝佳角度。通过促进学生对"如何"的思考,有助于使学生在推理认知的过程中深入理解与所学内容相关的道德规范或准则,逐步建构起正确的价值观念。同时,通过对学生道德判断能力的培养,提高学生灵活应对生活或成长中的复杂问题的能力,借此发挥道德判断能力,并使自己建构起的价值观念在实际生活中得以践行。

教材中道德判断能力培养方面的另一个问题就是,对道德困境情境的创设不够充分,不易激发学生的道德判断。如初中道德与法治教材中《敬畏生命》一课中,记述了各国耗巨资共同寻找失联的MH370客机的事件,并提出问题:"你认为花费如此巨大的人力、物力、财力寻找失联的MH370客机值得吗?为什么?"该问题的设置,虽然可以使学生们在依据自身道德认知与材料内容的基础上进行判断并陈述理由,但却缺少了对有关价值观念的思考与辨析,而这正是道德与法治课程本应聚焦的重要学科素养之一。对此,不妨将问题进行修改,如"有人认为花费如此巨大的人力、物力、财力寻找失联的MH370客机不如去做慈善事业,对此你是怎样看待的?"[1]借此机会,让学生在

---

[1] 王瑞敏.依托道德两难问题,涵育学科核心素养[J].文教资料,2018(16):208—209+148.

班级上展开思考与讨论,使其逐步确证生命的意义与价值,可能会产生更好的教育效果。总之,价值引导类的教育教学活动应当涉及推理、判断及选择,只有这样学生才能明确自己所选择的价值体系的重要意义。学校道德教育应当探索灵活多样的方式促进学生在道德情感、道德认知、道德判断、道德实践等方面的能力提升。为此,教师应在道德认知发展论等理论的指导下,在明确学生道德认知水平及个体道德发展规律的基础上,引导学生自主进行道德判断能力的建构。

总之,道德判断作为人的道德心理的重要组成部分,在日常生活中常常被激活,进而影响着主体的道德认知与行为,以及群体与社会的和谐。需要强调的是,道德判断毕竟是建立在身份认同的基础之上的,身份认同的明确或模糊、积极或消极,都会在很大程度上左右主体的态度、信念、情感,进而形塑着其道德判断能力的发展。当身份认同建立的过程受到阻碍时,道德判断也必定会受到一定程度的负面影响。不过,道德判断虽然建立在身份认同的基础之上,但它更多涉及到个体的道德思维能力,并通过身份冲突时的道德判断对身份认同加以部分的强化、减弱或调适。所以,当在教育实践中培养学生的道德判断能力时,既要注重其与身份认同教育的有机融合,又要把握道德判断的自身独特性与发展规律,通过这两方面的合力发挥,为学生解决真实情境中的各种冲突问题提供支撑,促进学生核心素养的整全发展。

(吴　璇)

第四章　学科核心素养：冲突解决

近些年来,许多国家都将人际交往能力作为 21 世纪学生关键能力之一,而人际交往能力的高低往往要看一个人对待人际冲突的态度以及能否恰当选择应对人际冲突的方式。学校是社会的缩影,学校这个小社会与校外的大社会一样存在着各种不可避免的冲突。不同的冲突应对方式会带来完全不一样的结果,有的可以化干戈为玉帛,增进情感,强化凝聚力;而有的则可能导致冲突双方两败俱伤,给学生的人生之路蒙上阴影。学会如何处理同伴之间的人际冲突是学生未来参与充满多样性和复杂性的社会生活时所不可缺少的一项重要能力,故应列为学校品德学科的关键能力之一。

一、冲突解决的概念内涵

（一）冲突与冲突解决

"冲突"在英语中对应的 Conflict 一词源于拉丁语 Confligere,《现代汉语大字典》将其解释为"矛盾、对立或不协调"。"冲突"这一概念出现在管理学、社会学和心理学等多门学科之中,内涵广泛。心理学语境中的冲突是指一种心理状态,由两个或以上的需求并存而又处于矛盾而引起的[1],是个体或群体为达成目标而与对方斗争,企图压制、破坏甚至歼灭对方的过程[2]。在社会学界,冲突被认为是合作的对立面,指

---

[1] 朱智贤.心理学大词典[M].北京:北京师范大学出版社,1989:71.
[2] 周晓虹.现代社会心理学[M].上海:上海人民出版社,1996:317.

人们为了满足自身目标、利益、有价值物的追求愿望,以斗争方式破坏、征服他人①,是有关价值观、信仰以及权位、资源的争夺和斗争,在过程中企图消灭对方。②在人际交往中,冲突是指一方行为对他方的妨碍或者由于价值观念的不同而发生的不和谐或碰撞。

传统冲突理论认为冲突对于社会稳定与和谐具有破坏性,冲突的发生被看作是社会的"病态",要加以制止和校正才能使社会秩序维持均衡、恢复常态。而以拉尔夫·达伦道夫(Ralf Dahrendorf)和刘易斯·科塞(Lewis Coser)的思想为代表的现代冲突理论则看到了冲突作为社会中重要的平衡机制,对社会稳定具有促进功能。达伦道夫强调,冲突作为一种对立关系对社会的巩固和发展起着重要作用。③科塞为正"冲突"之名而致力于挖掘冲突的正向功能,指出冲突对社会系统的整合具有促进作用。

基于对冲突的重新认识和理解,可以认为,在学校人际交往中,同伴之间的冲突也并非是一种不良行为,需要给予及时制止和干预,而是同伴之间的一种重要交往方式。冲突本身并不具有价值判断的意义,但对冲突的不同回应方式,会导致截然不同的结果。建设性的解决方式会增进友谊,促进双方关系的深入;而破坏性的解决方式则可能引发暴力冲突,造成两败俱伤,甚至酿成悲剧后果。因此,面对生活中不可避免的冲突,学校要教会学生正确看待冲突,理解冲突的发生机制,并且最终指向建设性的冲突解决。

(二) 冲突的来源

冲突爆发的原因多种多样,诊断冲突的起源是尝试找到解决方案的起点。从幼儿园小朋友争夺玩具,到成长之后的"一言不合"、"看不顺眼"、"丢面子"等因素引起的学生冲突,都可以从以下几个方面寻找源头④:

1. 基本心理需求

格拉瑟(William Glasser)从控制论的角度提出,冲突的根源来自于个人需求的不

---

① 戴维. 波普诺. 社会学:第十版[M]. 李强等译。北京:中国人民大学出版社,1999:133.
② 乔纳森·H. 特纳. 社会学理论的结构(第7版)[M]. 邱泽奇,张茂元,译. 北京:华夏出版社,2006:245.
③ 乔纳森·H. 特纳. 社会学理论的结构(第7版)[M]. 邱泽奇,张茂元,译. 北京:华夏出版社,2006:245.
④ Crawford D, Bodine R. Conflict Resolution Education: A Guide to Implementing Programs in Schools, Youth-Serving Organizations, and Community and Juvenile Justice Settings [R]. Creating the Peaceable School: A Comprehensive Program for Teaching Conflict Resolution, 1996.

满足。这些个人需求除生存和繁衍需求以外,还包括其它四种基本心理需求,它们共同构成了驱动个体行为的力量。四种基本心理需求包括:归属感:通过爱、分享和与他人合作来实现;权力:通过成就、理想实现以及被认可和尊重来实现;自由:通过做出选择来实现;乐趣:通过笑和玩来满足。[1]

格拉瑟认为几乎每一场冲突都涉及争端各方对满足基本需要的渴求,只要一方认为其个人需要受到另一方的威胁,冲突就很难被解决。即使冲突双方就争议的问题达成了一致,如果这些需要得不到满足,冲突仍会再次出现。

2. 有限的资源

有限的资源也可能引起冲突。所涉及的有限资源包括:时间、空间、金钱、设备、财产等。这类冲突要得到解决,需要冲突双方认识到以下原则:当资源有限时,实现双方各自最大利益的方式就是合作,而非竞争。在合作中,争论者共同解决问题,认识到彼此的利益,创造性地提出各种选择方案。这个过程通常会带来满足感,因为归属感和权力的心理需求,甚至是自由和乐趣的需求,都会在有限资源的公平分配中得到满足。

3. 不同价值观

涉及不同价值观(信仰、优先级、原则)的冲突往往更难解决。当一个人拥有一种价值时,他或她就会有一种持久的信念,认为一种特定的行为或品质优于另一种行为或品质。很多时候,当价值观对立时,争论者会用"对/错"或"好/坏"来思考。甚至不同目标之间的冲突也可以被视为价值冲突。

解决价值冲突并不意味着争论者必须改变或同意他们的价值。通常,相互承认每个人对情况的看法不同是解决问题的第一步。如果争论者能学会不因信仰的不同而排斥对方,他们就能更好地处理问题本身的是非。解决冲突的基本原则之一是分别处理冲突中涉及的关系问题和实质性问题。为了解决价值冲突,争论者必须寻找价值冲突背后的利益。其次,心理需求与价值冲突交织在一起,而这些需求很可能构成每个争论者的利益框架。

---

[1] Bodine R J, Crawford D K. The Handbook of Conflict Resolution Education. A Guide to Building Quality Programs in Schools. The Jossey-Bass Education Series [M]. ERIC, 1998: 18 – 23.

价值争议可能源于社会多样性(文化、社会和生理/心理属性的差异),这些差异通常表现为不同的信仰、信念和/或原则。社会多样性问题也常常涉及偏见。尽管这些冲突很复杂,但可以通过提高认识、理解和尊重来解决。当冲突源于对他人的偏见时,人们的行为往往会受无知、恐惧和误解左右。

因此,明确冲突的性质以及来源,可以使我们在冲突解决过程中更深刻地把握问题的本质,解决冲突也更有针对性、更具建设性。值得注意的是,引发冲突的源头无论是个体心理需求的不满足还是资源的稀缺,亦或者价值观的不同,其最好地应对冲突解决的方式都涉及到:冲突双方聚在一起尽力解决冲突的意图或努力。

(三) 冲突应对方式

所谓冲突应对方式,指的是人们面对冲突时习惯的反应以及一系列的表现。关于人际交往的管理,应对冲突的方式是讨论得最多的话题。以下归纳了从二分法到五分法的应对方式分类方法:

二分法:竞争与合作。

三分法:避免对抗、力图解决问题、控制对方;软回应、硬回应和有原则的回应。

四分法:妥协、力图解决问题、消极不作为、对抗;离开、表达自己观点、忠诚、忽视;进攻/对抗式,果断,劝说式,观察/内省式,回避/反应强烈式。

五分法:整合强迫,控制,回避、妥协;合作、适应、竞争、回避、妥协。[1]

美国国家冲突解决教育中心(the National Center for Conflict Resolution Education)主席查理德·博丁(Richard J. Bodine)在一项冲突解决教育指南《创建和平学校——一个全面的冲突解决教学方案》中采用的是以下三分法:软回应、硬回应和有原则的回应。[2] 在软回应和硬回应中,争议者都采取与问题相关的立场。他们试图通过避免或赢得一场意志的较量来解决立场问题。无论软硬方式的回应,带来的都不过是一方损失,一方获利。在有原则的回应中,争端解决者使用冲突解决策略来达成

---

[1] 威廉·W·威尔莫特和乔伊斯·霍克.人际冲突——构成和解决(第七版)[M].曾敏昊,刘宇耕,译.上海:上海社会科学院出版社,2011:72—85.

[2] Crawford D K. Conflict resolution education: A guide to implementing programs in schools, youth-serving organizations, and community and juvenile justice settings: Program report [M]. Office of Juvenile Justice and Delinquency Prevention, US Department of Justice, 1996: 7 - 9.

持久、明智的协议,解决双方的合法利益,公平地解决利益冲突,并会考虑达成的协议对对方的影响。

表4-1 三种冲突回应方式的表现形式和结果

冲突回应方式	具体表现形式	冲突反应结果
软回应	退缩、忽视、否定、放弃	输—输/输—赢
硬回应	威胁、推搡、打架、吼叫	输—输/赢—输
有原则的回应	倾听、理解、尊重、解决	赢—赢

软回应一般包括回避、迁就和妥协等,通常发生在朋友或者亲人之间,他们会更考虑双方友好关系的继续保持。个人可能试图完全避免冲突,从局势中退出,忽视它,甚至否认冲突的重要性。迁就是指一方当事人向另一方当事人的地位让步,而不考虑自身利益。妥协的争议者为了结束争议而同意做一些并不真正符合自己利益的决定。这些软反应极可能导致幻灭感、自我怀疑、恐惧和对未来的焦虑。

对冲突的硬回应一般包括武力、威胁、侵略和愤怒在内的对抗。强硬的谈判者要求以对方让步作为条件,并坚持自己的立场。他们经常寻找一个单一的问题解决方法,让一方屈服于另一方。强硬的谈判者经常施加压力,试图在意志的较量中获胜。这样的应对方式常常带来对方的敌意、身体伤害和暴力。

而有原则的回应方式旨在高效友好地达成明智协议。有原则的回应者能够明白沟通是合作互动的基础,他们知道参与达成共识意味着什么。同时他们还是熟练、积极、有同理心的倾听者。他们试图从不同的角度看问题,积极寻找可以满足双方利益的解决方案,同时维持长久且良好的关系。

当然,不同的回应会导致不同的结果。软回应和硬回应都会使得更具侵略性的一方赢得利益,而弱的一方损失利益,出现非输即赢的结果。当然这种不对等的应对方式很有可能会激发对方采取报复性行动,最终导致两败俱伤。而有原则地应对冲突会使得当事者放弃个人暂时看起来不可调和的立场,在积极合作中发现对方的潜在需求,进而找到能够实现双方共同利益的最佳方案,最终使争议双方实现双赢。

从上述关于冲突和冲突解决的概念内涵中,我们可以获知冲突在人类社会生活中不可避免,所有人都会面临应对冲突的境遇,而且每次的冲突原因和冲突对象都可能不同。因此,如何基于情境采取恰当的冲突解决方法是每个人都要学习的功课。

二、西方对于冲突解决能力的关注和培养

1972年联合国教科文组织发布了《学会生存——教育世界的今天与明天》的报告,这一里程碑式的教育报告提出了未来终身学习社会的四大支柱,其中就要求学生具有"学会共处"(learning to live together)能力。[①] 建设性解决冲突的能力不但能够促进社会的和谐,也符合全球化时代对于现代社会个人素养的要求。目前,一些国际组织以及西方多个发达国家已经明确将"冲突解决能力"列为21世纪学生应具备的核心素养。

(一) 冲突解决能力在当今国际社会备受关注

新世纪伊始,面对日益复杂、冲突不断又相互依赖的世界,经济合作与发展组织(OECD)启动"素养的界定与遴选:理论和概念基础"项目(the Definition and Selection of Key Competencies,简称 DeSeCo 项目),为回应"成功的生活和运转良好的社会需要什么样的能力"的问题,确定了21世纪关键能力框架。该框架将个人与社会的需求相结合,不仅重视个人使用工具的能力、自主行动的能力,还明确指出要培养学生"异质群体互动的能力"。

2005年OECD发布《关键能力的定义和选择:行动纲要》,这份报告再次明确强调了冲突解决能力在现代社会中的重要作用。"人类在其一生中,无论是物质上还是精神上的生存,以及在社会身份方面,都依赖于与其他人的联系。随着社会在某些方面变得更加分散和多样化,为了个人的利益和建立新的合作形式,管理好人际关系变得非常重要。"[②]报告将"异质群体互动能力"分解成三个子能力:

1. 与他人友好相处的能力

这要求个人学会与他人建立、维持和管理人际关系,例如熟人、同事和客户。良好的人际关系不仅是社会凝聚力的必要条件,而且是现代社会获得经济成功的必要条件。形成这种能力的前提是每个人都能够尊重和欣赏他人的价值观、信仰、文化和历

---

① Faure E. Learning to be: The world of education today and tomorrow [M]. Paris: Unesco, 1973.
② Development, O. F. E. C., The definition and selection of key competencies: executive summary [Z]. Paris: OECD, 2005: 12.

史,从而创造一个让他们感到受欢迎、被接纳以及能够茁壮成长的环境。它需要:(1)同理心——扮演他人的角色,从对方的角度思考问题。(2)有效的情绪管理——有自我意识,能够有效地解释自己和他人的潜在情绪和动机状态。

2. 合作的能力

许多要求和目标不能由一个人独立地实现,需要那些拥有相同利益的人加入工作组、管理社团、政党或工会等团体。合作需要每个人都能平衡团队和个人的利益与目标,在发挥自我优势的同时,给他人以支持。具体包括:(1)表达自我想法和倾听他人意见的能力;(2)谈判能力;(3)考虑到不同意见的细微差别并做出决定的能力。

3. 管理和解决冲突的能力

冲突是人类社会的固有部分。当两个或两个以上的个人或团体因为不同的需求、利益、目标或价值观而相互对立时,就会产生分歧和矛盾。进行建设性的冲突解决,其关键在于要认识到冲突解决是一个需要管理的过程,此中需要顾及各方的利益以及寻求互惠的解决方法。

个人参与冲突管理和解决必须具备以下能力:[1]

分析利害攸关的问题和利益(例如权力、表彰功绩、分工、公平)、冲突的根源和各方所作的推论,认识到存在不同的立场的可能性;确定一致之处和分歧之处;重构问题;区分需求和目标的优先级,决定各方在何种情况下愿意作怎样的让步。

2018 年,OECD 将"冲突解决能力"作为全球胜任力(Global Competence)的一项重要指标,加入 2018 年的 PISA 测试中[2],并在 OECD 官方文件《OECD PISA 全球能力框架》[3]中再次强调培养学生以建设性的方式处理冲突的能力。

除此之外,2014 年联合国教科文组织发布的《全民教育全球监测报告》明确指出"教育质量不仅仅是帮助学生掌握基础知识,还需培养学生作为全球公民所必需的可迁移能力。"冲突解决能力就是其中之一,除此之外还有批判性思维、沟通能力、问题解

---

[1] Development, O. F. E. C., The definition and selection of key competencies: executive summary [Z]. Paris: OECD, 2005: 13.
[2] 2018 Assessment and Analytical Framework [R]. Paris: OECD, 2019: 173.
[3] Preparing Our Youth for an Inclusive and Sustainable World: the OECD PISA Global Competence Framework [R]. Paris: OECD. 2018. http://www.oecd.org/pisa/Handbook-PISA-2018-Global-Competence.pdf.

决等能力。① 2008年欧盟委员会、联合研究中心、公民保护与安全研究所以及终身学习研究中心四家机构共同发布的欧洲公民能力评估报告，明确将"以和平的方式解决冲突"作为公民能力框架中的重要技能之一。② 2005年，英国教育和技能部发布关于《在学校课程中发展全球维度》(Developing A Global Dimension in the School Curriculum)的文件，明确将"冲突解决"作为培养学生的八项全球概念之一。③

（二）培养冲突解决能力的教育由来已久

全球化时代的国际社会将冲突解决能力作为学生的关键能力之一，列入人才培养的顶层设计之中。事实上，西方国家对学生冲突解决能力的培养由来已久，早在上世纪60年代，美国就开始了对于冲突解决教育的理论研究和实践探索。冲突解决教育在当时是应对校园暴力、解决校园欺凌的"一剂良方"。

20世纪60年代，美国社会动荡不安，校园暴力频频发生，严重威胁中小学校园安全。加之1965年美国"移民和国籍法案"的颁布，彻底改变了美国种族构成，社会文化多样性的增强，加剧了来自不同文化背景的学生的矛盾冲突。预防和解决学生之间的冲突、维护校园安全遂成为当时美国中小学教育的重要议题。

从政府官员、学校管理者到一线教师和家长，无不开始关注学生冲突的解决，同时采取了一系列旨在减少甚至消除暴力的措施，诸如安装金属探测器来避免学生将武器带入学校；派遣警察巡逻校园，逮捕存在违法或暴力行为的学生以减少暴力行为的发生；培训教职工以识别和干预暴力事件等。然而，人们逐渐发现，解决校园暴力作为一项复杂的工程，不仅需要加强对外界环境的控制，也需要冲突者主动寻找替代暴力行为的其他建设性解决方案，即通过在学校中开展冲突解决教育、提高学生冲突解决能力，改变学生的行为习惯、态度和价值观，以此从根本上解决学生的人际冲突问题。以此种方式训练学生冲突解决能力，其优势不仅在于维护校园和平，而且也为学生建设性地处理未来家庭、职业、社区甚至国家及国际环境中的冲突做准备。

---

① Teaching and Learning: Achieving Quality for All [R]. Paris: UNESCO, 2014: 295.
② Hoskins B, Villalba E, Van Nijlen D, et al. Measuring civic competence in Europe [J]. Ispra (VA), Italy: European Commission, Joint Research Centre, Institute for the Protection and Security of the Citizen, Centre for Research on Lifelong Learning (CRELL). 2008.
③ Graves J. Developing a global dimension in the curriculum [J]. The Curriculum Journal. 2002, 13(3): 303-311.

与此同时,冲突以及冲突解决的诸多研究成果也为冲突解决教育的实施提供了充分的理论准备。1960年代以来,社会学、心理学以及管理学等领域对冲突和冲突解决做了大量研究,研究内容涉及冲突的来源、过程及其影响因素、冲突解决策略以及冲突解决教育等等。大多数冲突理论提出了积极的冲突观,将冲突视为促进人类发展和人际关系的一个必要且积极的因素,是儿童和青少年发展及成长的必要和积极条件。

在此背景下,美国中小学冲突解决教育开始实施并快速发展。20世纪60年代末,一系列冲突解决教育项目在美国中小学校迅速推广。这些冲突解决项目在1965年至1980年间只有不到10所学校在运作,而到1997年全美实施冲突解决教育的学校增至8 600所[1],到2004年实施冲突解决项目的学校超过1.5万所[2],形成的冲突解决教育项目达8 500多项。目前冲突解决教育正式成为美国中小学的一项重要教育内容。同时相关冲突解决教育的研究机构也发挥了极大的助推作用。1984年"调解教育联合会"在马萨诸塞州立大学成立,旨在支持学校冲突解决教育,1995年,该联合会并入"争端处理协会",共同建立了"冲突解决教育信息网",为冲突解决教育提供信息、资源和技术服务,推动中小学以及大学冲突解决教育计划及课程的实施与发展。

冲突解决教育项目希望能够实现以下目标:(1)创建安全的学习环境;(2)创建一个建设性的学习环境;(3)主要教授学生正确识别冲突,提升冲突管理技能以及培育和平、包容的价值观念等。这些项目虽然在名称上各不相同,但培训的内容均涉及以下方面:同理心、社交技能、压力和愤怒管理,对待冲突的态度、偏见意识以及同伴调解和协商技能等。

美国在学校推广的冲突解决教育项目一般有三个模式:

第一,作为课外培训项目。学校可以根据自身的需要选择独立项目,例如"同伴调解项目"、"谈判技巧"、"欺凌"、"反偏见教育"等。其中"同伴调解"是最为常见的一种冲突解决教育项目,学校可以采用骨干培训的形式训练调解员,即通过选拔少数学生骨干,对他们进行集中培训,使他们担任学校的同伴调解员。有的学校也会进行全员

---

[1] Wilson-Brewer R. Comprehensive Approaches to School-based Violence Prevention [J]. Health Affairs. 1994,13(4):167-17

[2] Jones T S. Conflict Resolution Education:the Field, the Findings, and the Future [J]. Conflict Resolution Quarterly. 2004,22:233.

培训,教所有学生学做冲突调解员,一旦发现身边小伙伴起了冲突,这些同伴调解员可以及时上前制止冲突,并帮助他们调解冲突,化解矛盾。

第二,作为独立课程学科。将解决冲突的基本能力、目标和过程课程化,形成一门独立的学科,作为单独的课程在班级里进行教授。

第三,与其他课程整合。将冲突解决教育的内容渗透到核心科目中,尤其是整合到社会科、历史科、语言艺术、数学和科学科等课程中进行教学。[①]

为了验证冲突解决教育项目的有效性,很多研究者对学校的冲突解决训练效果进行测评。经研究发现,与没有接受过冲突解决教育项目训练的学生相比,受过训练的学生对冲突有更为积极的态度,对暴力行为的认可度显著降低,表现出更少的身体攻击性和更多的亲社会行为,[②]同时冲突解决教育对学生的学习成绩提升也发挥了很大的作用。[③]

近年来,冲突解决教育的功能不再囿于预防校园暴力和解决学生冲突,它还成为西方国家促进学生参与社会、践行民主公民角色的重要教育路径。多伦多大学的凯西·比克莫尔(Kathy Bickmore)教授基于批判性教育理论,引导学生看到冲突背后社会权力的不平等,通过积极鼓励学生在课堂上围绕"公平和正义"问题公开讨论冲突中的不同观点,来为其创设学习机会,提升学生的学习动机,并为其未来参与民主生活作准备,进而推进民主公民建设。[④]

经过半个多世纪的发展,冲突解决教育在以美国为代表的西方国家已然成为一门发展成熟的学科,围绕冲突解决的教育项目也已经在中小学校得到广泛推广,甚至进入学生的课堂,融入各门学科教材、教学之中。

[①] Johnson D W, and Johnson, R. The Impact of Conflict Resolution Training on Middle School Students [J]. Journal of Social Psychology, 1997,137(1),11 - 22.
[②] Grossman D C, Neckerman H J, Koepsell T D, et al. Effectiveness of a violence prevention curriculum among children in elementary school: A randomized controlled trial [J]. Jama, 1997,277(20): 1605 - 1611.
[③] Johnson D W, Johnson R T. Conflict resolution and peer mediation programs in elementary and secondary schools: A review of the research [J]. Review of educational research, 1996,66(4): 459 - 506.
[④] Bickmore K. Peacebuilding dialogue pedagogies in Canadian classrooms [J]. Curriculum Inquiry. 2014, 44(4): 553 - 582.

综上,将冲突解决能力视为21世纪学生应具备的核心能力已经成为国际组织和主要发达国家的共识,具有时代的必然性。

首先,它是人们应对日益复杂、冲突多变的世界的必然要求。全球化和现代化正创造着一个日益多样化和相互联系的世界。随着社会的发展,人与人之间的关系变得更加多样,各种新的合作形式出现,这使得来自父辈的解决冲突的经验已不足以应对这些变化。为了生存,个人需要与不同的人发生新的关系,一起学习、生活和工作。因此与他人合作,建立和谐的人际关系,进行冲突管理和解决是现代社会关键能力之一。

其次,它是培养未来社会和谐建设者的必要手段。冲突发生在社会生活的各个方面,无论是在家庭、工作场还是更大的社区和社会。冲突是社会现实的一部分,是人类关系的固有部分。当两个或两个以上的个人或团体因为不同的需求、利益、目标或价值观而相互对立时,就会产生冲突。培育学生建设性冲突解决的技能和人际交往的能力,可以使其自信且娴熟地应对未来社会中的各种冲突,进而成为和谐社会的参与者、维护者和建设者。

再次,它是应对校园暴力,建设平安校园的重要途径。历史经验告诉我们,减少校园暴力,确保一个平安的学习环境,仅靠纪律惩处和强化治安管理并不能从根本上解决问题。正如美国和平教育的领导者贝蒂·里尔登(Betty Reardon)所言:"如果学生掌握了处理冲突的行为技能,就会大大减少由于缺乏非暴力冲突处理和解决的知识或技能而发生的暴力事件"。[①] 开展冲突解决教育,教学生学会寻找替代暴力行为的其他建设性的解决方案,只有改变学生处理冲突的习惯、态度和价值观,才能从根本上减少不必要的暴力冲突。

三、道德与法治学科与冲突解决能力的内在关联

关于冲突解决能力,我国教育界还未给予足够重视。之前的中小学品德类课程标准没有明确提出"冲突解决能力"的概念,也没有对于义务教育阶段的学生冲突解决能力培养给予明确说明。但通过对于我国在2001年发布、2011年修订的品德类学科课程标准的研究,可以发现,在课程理念、课程目标和内容标准上都体现了对学生正确处

---

① Reardon B A. Peace education:A review and projection [R]. School of education,1999:14.

理个人与周围世界(包括他人、集体、国家和世界)关系的重视,并将"引领学生了解社会、参与社会,做负责任的公民"作为该课程的基本理念和重要目标。

《品德与生活课程标准》对小学低年级阶段学生提出"具有与同伴友好交往、合作的基本方法和技能";而对于高年级学生,《品德与社会课程标准》则要求"学会清楚表达自己的感受和见解,倾听他人的意见,体会他人的心情和需要,与他人平等地交流与合作,积极参与集体生活"。课程内容包含低年级儿童的"喜欢和同学、老师相处"、"化解消极情绪"等;而对高年级小学生而言,《品德与社会》学科的课程内容更加广泛,例如"邻里之间和睦相处""学习化解家庭成员之间矛盾""对待不同社会群体无偏见不歧视""热爱世界和平"等问题。

而针对中学阶段的学生人际交往能力的培养,《思想品德课程标准》在课程基本理念中,强调"思想品德课程的任务是引导学生了解社会、参与公共生活",以帮助学生过"积极健康的生活,做负责任的公民"。在课程目标部分,明确规定学生要"学会控制自己的情绪,能够自我调适、自我控制""逐步掌握交往和沟通的技能,学习参与社会公共生活的方法"。课程内容包括"学会调节和控制情绪""积极与周围人交往""学会换位思考""理解竞争与合作的关系"以及"增强为世界和平与发展作贡献的意识和愿望"。[①]

表4-2 思想品德类学科课程标准中对于学生"人际交往能力"培养的关注

课程标准	课程理念	课程目标	课程内容
品德与生活课程标准	引导儿童体验自身生活中参与社会生活	具有与同伴友好交往、合作的基本方法和技能	【愉快、开朗】 喜欢和同学、老师交往 较快地化解自己的消极情绪
品德与社会课程标准	帮助学生参与社会、学会做人	学会清楚表达自己的感受和见解,倾听他人的意见,体会他人的心情和需要,与他人平等地交流与合作,积极参与集体生活	【我的家庭生活】 邻里之间和睦相处 家庭成员之间应该相互沟通和谅解,学习化解家庭成员之间矛盾的方法 【我们的学校生活】 同学之间相互尊重,友好交往

---

① 中华人民共和国教育部. 义务教育品德与社会课程标准[M]. 北京:北京师范大学出版社,2011.

续　表

课程标准	课程理念	课程目标	课程内容
			【我们的社区生活】 各种群体享有同等的公民权利,应该相互尊重,平等相待,不歧视,不抱有偏见 【我们共同的世界】 感受和平的美好,了解战争给人类带来的影响,热爱和平
思想品德课程标准	引导学生了解社会、参与公共生活,以帮助学生过积极健康的生活,做负责任的公民	学会控制自己的情绪,能够自我调适、自我控制。逐步掌握交往和沟通的技能,学习参与社会公共生活的方法	【认识自我】 理解情绪的多样性、复杂性,学会调节和控制情绪 【我与他人和集体】 学会用恰当的方式与同龄人交往,建立同学间的真诚友谊 学会换位思考,学会理解与宽容,尊重、帮助他人,与人为善 理解竞争与合作的关系,能正确对待社会生活中的竞争,敢于竞争,善于合作 【我与国家和社会】 认识树立全球观念的重要性,增强为世界和平与发展作贡献的意识和愿望

另外,小学、初中、高中的思政统编教材中也有与解决冲突相关的课文。如小学《道德与法治》四年级上册有专门以"冲突"为主题的课文《冲突发生时》,五年级上册第一单元"面对成长中的新问题"中就涵盖了学生的选择与父母的意见或与学校制度安排之间发生的冲突问题,以及学生同伴之间观点发生分歧时可以使用的沟通方法等相关内容。

初中《道德与法治》七年级上册着重围绕中学生的人际关系(朋友、老师和家人)设计了"友谊的天空""师长情深""亲情之爱"单元,直接涉及冲突解决的内容有:朋友之间"处理冲突的基本策略""与老师发生冲突怎么办""和父母沟通的技巧"以及当家庭成员发生矛盾,如何充当"小小粘合剂"等。七年级下册第一单元"共奏和谐乐章"中,教学生处理"个人意愿与集体规则"之间的冲突问题;第二单元"做情绪情感的主人",提醒学生了解自己的情绪,并教学生调节情绪,如"愤怒管理"、"如何安慰他人"等。

2011年版课程标准和教材编写者对于培养学生应对人际冲突、正确处理社会关系的能力已经予以了重视。只是,国内因缺乏对中小学生冲突解决教育方面的研究积累,目前为止,教材和教师都无法为学生解决冲突提供更充分而系统地指导。

道德与法治学科的核心目标究其本质,是培养以人的品德为核心的社会性能力。冲突解决能力培养的最终落脚点在于促使学生参与社会公共生活,成为共同体的合格成员。由不同个体构成的社会因个体的利益需求不同,社会成员间不可避免地会产生纠纷和冲突。一个人如果具备了以非暴力、合作共赢的方式解决冲突的能力,就意味着他能控制自己的情绪、能够换位思考、能积极与周围人交往,正确处理自己与他人、与社会的关系,也就能实现参与公共生活的目标。

教会学生解决冲突的技能不仅能促进学生人际交往能力的提高,为学生提供安全的学习和生活环境,也能够帮助学生积极参与未来社会,形塑负责任的社会公民角色。拥有非暴力解决争端的能力,意味着能用和平的方式表达诉求,维护公民权利,并用和平方式参与协商和调解以化解社会冲突,这正是道德与法治学科所追求的负责任的公民素养。

冲突解决能力的形成还有助于增进学生的契约精神、规则意识,树立民主、公正的观念,同时掌握协商和调解等非暴力手段解决冲突的技能,从而避免冲突升级为恶性违法犯罪事件,遏制校园欺凌现象,保障校园安全,维护公共生活的秩序。因此,将冲突解决能力作为道德与法治学科的核心能力之一,与加强青少年法治教育、推动法治国家建设这一国家战略目标不谋而合。

冲突解决能力是一种能迁移到新的问题情境中的高阶能力,是综合了价值观、情感态度、社会认知、心理素养、人际沟通和思维技能的跨学科综合素养。发展冲突解决能力将能促进我国道德与法治学科所追求的育人目标。而关于冲突解决能力内涵的研究为冲突解决能力作为道德与法治学科关键能力之一提供了更充分的理由。

四、冲突解决能力的内涵与构成

那么,何为冲突解决能力呢?冲突解决能力是一套复杂能力的综合体,不仅包含对冲突的态度、解决冲突的技能和相关冲突解决的知识,还涉及一个人能在不同情境下选择恰当有效的解决策略以实现最优解决冲突的技能,以及高阶的批判性思维和创造性思维能力。因而,学者们从不同的角度对冲突解决能力进行了解释和分类。本研究基于对国内外冲突解决能力内涵的文献梳理,参考西方国家冲突解决教育领域里的相关划分标准,尝试建构一套符合中国国情的冲突解决能力框架。

(一)欧盟和平培训项目中的冲突解决能力模型

为了预防冲突,欧盟每年都为从事"预防冲突和建设和平"(conflict prevention and peacebuilding, CPPB)的从业者(包括军人、警察、文职特派团和行动人员等)提供培训。欧盟和平培训项目注重能力的发展,并将这种能力框定为塑造态度(Shaping Attitudes)、建立技能(Building Skills)和发展知识(Developing Knowledge),即 ASK 模式(详见图 4-1)。其中知识包括"人们在经验和/或学习的基础上所知道和理解的东西";技能帮助我们把我们的知识和信念付诸行动;而态度决定了思考和感受事物的方式,包括行为模式和潜在的价值观。① ASK 模式直观地说明了实践者不仅要知道该做什么,还要实际地将知识付诸实践。它要求参与者将促进平等和非暴力的态度和信念系统内在化,并培养有效干预冲突的技能。

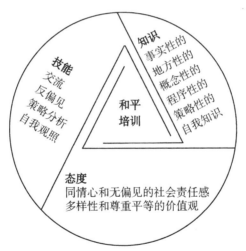

图 4-1 欧盟"预防冲突和建设和平"培训项目的 ASK 模型②

---

① Fras M, Schweitzer S. Designing Learning for Peace: Peace Education Competence Framework and Educational Guidelines [M]. Mainstreaming Peace Education Series, 2016: 10.

② Wolter S, Tunney E. Report on current Training Methods for Peacebuilding and Conflict Prevention [R]. (Deliverable 3.4). Peacetraining. eu. https://project.peacetraining.eu/wpcontent/uploads/2017/08/PeaceTraining.eu_D3.5-A-Guide-to-Conflict-Prevention-and-Peacebuilding-Training-in-Europe-Insights-on-Training-Design-and-Methods.pdf.

1. 态度

和平培训项目旨在培养学员珍视和平的态度,使他们加强这样一种信念,即和平是可以实现的。这些态度具体包括:

平等:相信所有人不分性别、性取向、种族等,应该受到尊重和重视;促进人权的愿望;

尊重多样性:信仰反歧视,渴望挑战刻板印象,渴望理解和尊重与自己不同的人,提倡一种非欧洲中心主义的精神,宽容,承认每个人的尊严;

共情:不偏不倚的态度,重视倾听他人,不凌驾于他人之上或妖魔化他人;

非暴力:相信暴力不是解决冲突的办法,理解暴力促进统治而不是包容,渴望寻找解决冲突的根源,建立关系,并使制度更加公平;

社会责任感:理解世界的相互依存,有改善世界的责任感,寻求尊严的保障。

2. 技能

这项培训的重点在于发展分析冲突、预防暴力及建设和平的技能,使学员能够在各种社会环境中应用这些技能。这些技能包括:

沟通:积极倾听,减少使用冲突性语言,能进行非言语交流;

跨文化沟通:开放心态,避免误解,尊重并适应当地语境(阶层、角色等),遵守沟通的文化规则;

反歧视:反对刻板印象、偏见和歧视,挑战权力不平等,为边缘群体赋权及帮助发声;

自我关照:关注个人安全和保障,复原力,工作/生活平衡,健康;

压力管理:处理压力的技巧,例如冥想、呼吸练习、音乐、运动及其他休闲活动(视个人喜好而定);

反思:反思自我(动机、兴趣、偏见、行为、态度)、与他人关系等;

性别意识与性别主流化:反对性别成见,促进妇女的参与和赋权,挑战基于性别的暴力以及到处使用性别透视镜的态度;

冲突与文化敏感性:与当地利益攸关方建立关系,并进行需求评估,设计干预措施以减少伤害风险,对培训活动中的主流冲突进行冲突分析、项目/任务设计、执行、监测和评估。

3. 知识

通过该培训可以获得的知识包括以下几种类型：

知识维度	举例
事实性知识 即，在一门学科或在具体情境中解决问题的基本要素，包括地方性知识	术语/定义 日期、统计资料 历史/当前事件的细节 当地知识：冲突背景，社会规范，土著知识体系，主要行动者
概念性知识 即，基本元素之间的相互关系	分类知识 原理和概括的知识 具备理论、模型和结构方面的知识
程序性的知识 即，关于如何做某事的知识	循序渐进的指导 指导方针/拟定草案 具有特定技术和方法的知识 冲突的分布 冲突分析
策略性知识	确定并传达从该领域获得的最佳实践和经验教训
自我知识	对自己的偏见的意识 对个人能力、优缺点的认识

(二) 科尔曼的冲突智力模型

冲突智力(Conflict Intelligence)指的是当自己与他人发生冲突时能够妥善协调和解决冲突的自我意识、知识和技能。它是一种能够以谦卑、客观和共情的态度积极处理冲突的能力，它要求我们对自己和他人有洞察力和同情心。

韦氏词典中，智力被定义为(1)学习、理解或处理新情况的能力；(2)运用知识来控制环境或以客观标准进行抽象思考的能力。① 罗伯特·斯滕伯格(Robert Sternberg)认为智力可以分为学术智力和实践智力，学术智力概念类似于一般智力，而实践智力是指一套通过运用从经验中获得的知识去进行有目的地适应、塑造和选择环境，来解决日常问题的技能和处理方式。② 哥伦比亚大学心理学和教育学教授彼得·科尔曼

---

① Merriam Webster. Intelligence [EB/OL]. [2021-07-30]. https://www.merriam-webster.com/dictionary/intelligence.
② Sternberg R J. A systems model of leadership: WICS [J]. American Psychologist, 2007, 62(1): 34.

(Peter T. Coleman)基于罗伯特·斯滕伯格的分类,将冲突智力定义为一组能力和技能,用于在不同情境下,有效地和建设性地管理不同类型的冲突。他将冲突智力分为四个核心能力①:

自我认知和管理的能力:在冲突中了解和管理自己,包括内隐冲突知识、社会价值动机、冲突焦虑管理和道德感知力;

建设性解决冲突的能力:理解冲突的建设性和破坏性潜力,培养建设性解决问题的知识、态度和技能;

最优化驾驭冲突的能力:在不同或竞争的动机和情绪之间驾驭冲突的能力,并结合不同的方法来解决冲突,以达到预期的结果;

冲突适应能力:在不同类型的冲突情况下使用不同策略的能力,以达到目标和符合情况的要求。

(三) 凯西·比克莫尔的学生冲突解决能力构成

加拿大多伦多大学安大略教育学院的冲突解决教育专家凯西·比克莫尔(Kathy Bickmore)对学生冲突解决能力的构成做了以下分析:②

沟通能力:包括积极倾听,提出恰当问题,清楚表达(例如陈述观点,给出理由),批判性阅读,说服性演说和写作,观察(注意细节和线索),识别和表达情感,理解多元视角和观点。

推理和处理问题:包括承担风险,澄清问题,亲自动手解决问题,做出决策,建立共识,使用投票程序,识别利益、需求和价值观,分析主题,拆解任务,进行批判性思维、评估,认识优缺点,总结主要观点,直观表达想法和问题、预测后果。

合作与社区建设:包括有耐心,有毅力,宽容他人,控制愤怒和沮丧,尊重自己和他人,有公平意识,学会分享和轮流的策略,发挥主动性,承担责任,接受不同意见和多种答案,了解人的基本需求/权利,协作和团队合作。

---

① Coleman P T. Conflict Intelligence and Systemic Wisdom: Meta-Competencies for Engaging Conflict in a Complex, Dynamic World [J]. Negotiation Journal. 2018,34(1): 7-35.
② UNESCO. Safety, Resilience, and Social Cohesion: A Guide for curriculum developers. Booklet 6: What key messages do we want to convey and how? [R]. International Institute for Educational Planning. 2015: 26. http://education4resilience.iiep.unesco.org/en/node/2.

调解与谈判：包括确定长期和短期目标，创造双赢解决方案，能够妥协，提出主张但知道何时/多大程度上让步，理解谈判过程，熟悉调解的目的和流程，了解法律/司法体系，理解公正、中立的立场，遵守保密协议。

认识和抵制偏见：包括对不熟悉的想法保持开放态度，与不同类型的人融洽相处，尊重不同的观点，熟悉不同的文化，有能力评估公平，做好应对不公平的策略。

理解冲突和问题的概念：包括理解冲突的类型、冲突升级和降级，理解应对各种冲突的社会制度，理解冲突方的需求、兴趣和立场，确定共同点、消除差异。

(四) 克劳福德和博丁的冲突解决基本能力构成

美国国家冲突解决教育中心（the National Center for Conflict Resolution Education，简称 NCCRE）的专家唐娜·克劳福德(Donna K. Crawford)和理查德·博丁(Richard J. Bodine)，总结了冲突解决六项基本能力：定向能力(Orientation Abilities)、感知能力(Perception Abilities)、情感能力(Emotion Abilities)、交流能力(Communication Abilities)、创造性思维能力(Creative Thinking Abilities)以及批判性思维能力(Critical Thinking Abilities)。每一项基本能力又包括若干具体的能力要素。

定向能力：这种能力包含冲突解决中所采取的价值观、信仰、态度，如非暴力、同理心、公平、诚实、正义、宽容、自尊、尊重他人、支持差异和争论。

感知能力：能够从对方角度看问题的同理心；能够对自己的恐惧和假设做自我评估；用自由交流代替对他人的批评和谴责；能够照顾彼此的面子，保持自尊和自我形象，重新构建解决方案。

情感能力：这种能力包括能够学习表达情绪的语言，有明确表达情绪的勇气；能够以非侵略性、非煽动性的方式表达情绪；以及可以控制自己不对他人爆发情绪。

交流能力：这种能力包括能够倾听、理解他人话语；能够表达自己，以使对方尽可能理解；用中性的、不太情绪化的措辞代替有感情色彩的词语。

创造性思维能力：这种能力包括能够从不同的角度审视问题；寻找共同解决问题的可能性；集思广益。

批判性思维能力：这种能力包括能够识别并制定明确的现有标准；建立客观标准；应用标准作为选择选项的基础；规划未来的行为。

纵观国外关于冲突解决能力的概述，可以看出冲突解决能力有着丰富的内涵，是包含情感、态度、价值观、技能、认知在内的高阶能力。

为培养冲突解决能力,明确冲突解决能力的内涵与构成是确立课程目标、构建教育教学内容、研制评价指标和工具的前提。冲突解决能力是中国品德学科核心能力之一。我们通过比较、综合上述冲突解决能力构成论,寻找它们之间的共性,然后结合我国道德与法治学科的课程性质、目标和既定内容,从态度、技能和认知三个维度确定冲突解决能力的构成要素。见表4-3。

前面章节我们探讨了身份认同与道德判断在具体真实的情境中势必引发的矛盾冲突,拥有多种身份的个体在具体真实的情境中会产生身份认同的冲突,进而可能导致个人心理失衡、心理疾病,群体的不稳定、不团结,群体之间的冲突,甚至犯罪、战争等更严重的后果。作为核心素养要素之一,冲突解决同时也是身份认同与道德判断的目标所在,具有明确的指向功能。学生的冲突解决能力,包含了人际沟通、协商合作、尊重与同理心、契约精神、情绪控制和创造力等次级能力,涵盖了国际组织和各国列入核心素养框架中的相关素养。在价值冲突和利益冲突更趋复杂的社会中,冲突解决能力是21世纪社会每个人必备的关键能力素养。因此,作为道德与法治学科核心素养框架的核心要素之一,冲突解决能力需要在我国今后的思政课教材与教学中得到应有的重视和体现。

表4-3 冲突解决能力构成

构成范畴		指标
1 态度价值观	1-1 非暴力取向	1-1-1 相信暴力不是解决冲突的办法 1-1-2 相信可以找到替代暴力的和平解决方案
	1-2 同理心	1-2-1 愿意倾听他人诉求,站在对方角度看问题 1-2-2 对不幸表示同情
	1-3 接纳差异	1-3-1 承认每个人的尊严 1-3-2 理解和尊重与自己不同的人和观点 1-3-3 对他人不报有偏见和歧视,愿意挑战刻板印象
	1-4 公平正义	1-4-1 相信所有人(不分性别、年龄、地位、种族)的基本人权应该受到同等尊重和保护 1-4-2 愿意遵守共同的约定
	1-5 寻求共赢	1-5-1 顾及各方的利益 1-5-2 愿意协商和调解 1-5-3 重视良好关系的维护

续 表

构成范畴		指标	
2 技能	2-1 沟通技能	2-1-1	语言表达：能清楚、平和地表达自己的感受、情绪、立场和意愿，减少使用攻击性语言
		2-1-2	倾听：能倾听和理解对方的想法和感受
		2-1-3	肢体语言交流：会使用眼神、动作等肢体语言表达，并读懂他人的非肢体语言
	2-2 冲突管理策略	2-2-1	结合情境选择冲突应对策略
		2-2-2	顾及自己与对方的关系
		2-2-3	明晰冲突的升级和降级
		2-2-4	识别自己与对方的需求、利益和价值观
	2-3 谈判和调解技能	2-3-1	掌握谈判和调解的原则和程序
		2-3-2	洞察争议双方潜在的需求，帮助寻找促成双方合作的机会
		2-3-3	能为实现双赢，创造多种解决方案
		2-3-4	能与对方共同寻找替代性解决方案
	2-4 情绪控制	2-4-1	控制自我情绪
		2-4-2	以非侵略性、非煽动性的方式表达情绪
3 认知	3-1 冲突	3-1-1	认识冲突的本质
		3-1-2	知道冲突的类型
		3-1-3	知道冲突引发的原因
	3-2 偏见	3-2-1	知道偏见产生的原因
		3-2-2	识别偏见的方法
	3-3 冲突解决策略	3-3-1	知道冲突解决的多种策略
		3-3-2	了解每种策略的优缺点
	3-4 谈判	3-4-1	理解谈判的原则
		3-4-2	了解谈判的程序
	3-5 调解	3-5-1	熟悉调解的流程
		3-5-2	理解调解的方法
		3-5-3	理解调解者的角色特征
	3-6 认识自我	3-6-1	认识自己的冲突解决风格
		3-6-2	认识自己的潜在偏见
		3-6-3	认识自己的情绪特点
		3-6-4	认识自己的处境(资源、便利性、能力等)

（程　力　沈晓敏）

第五章　身份认同的测评

身份认同领域的众多研究成果已经证明,作为结果的身份认同可以是积极的,也可以是消极的,消极的身份认同会给个体和共同体带来严重的不良影响。因此,为了保障个体和共同体的健康和福祉,在学校教育中,一方面应当对学生的身份认同形成过程进行引导;另一方面应当对学生身份认同的发展趋势和状态水平进行测量评价,作为引导的重要基础和依据。

一、自我认同与社会认同的整合

身份认同相关研究发展至今,所关注的具体身份认同内容大致可以从两个层面进行区分:个体层面的自我认同和社会层面的社会认同,而社会认同相关研究的对象又包括许多不同的社会身份。需要注意的是,不论从理论还是经验角度来看,身份认同的自我和社会层面之间都不是相互割裂的。为使身份认同教育真正作用于学生的发展和共同体的利益,必须全面、系统地看待二者及其相互关系。

身份认同理论通常被区分为认同理论和社会认同理论两大流派,认同理论强调通过自我这一中介确认个体的社会意义,社会身份认同理论强调通过自我归类激发个体的社会情感[①]。这两大流派研究的是同一个对象:人的身份认同;探讨的也是同一个问题:个体在社会中的自我建构。只是认同理论较为关注个体如何构建和协调自身与他人和共同体的联系,来获得对自身的肯定、保持自我同一性,社会认同理论关注个

---

① 韦岚.社会转型视域下的个体自我认同研究[D].上海大学,2013:49.

体对社会身份或共同体的归属感、以及共同体的稳定性,比自我认同视角更关注身份认同对社会的意义。两者因视角和侧重点不同,并且在研究发展史中有学脉的继承关系和研究方法上的学科倾向,才被大致区分为这两个流派。由此可见,自我认同和社会认同,是从不同视角出发看到的身份认同,可以说是身份认同的两个侧面。

各类特定社会身份认同(集体认同、国家认同、职业认同等)的本质是人在特定共同体中的身份认同,其与自我认同的关系也是不可分割的。尽管在身份认同研究领域中,关注特定社会身份认同就意味着关注个体构建对某些特定共同体或人际关系、特定社会身份或角色的认同,但对特定共同体、关系、身份、角色的归属,最终统一为同一个体的自我认同,其形成过程也是唯一的、不可分割的、不可逆的个人生活经历。在不同理论中,这一关系得到不同的诠释,如桑德尔(Micheal Sandel)认为"个人所属的社群,在一定程度上构成个人的自我认同……个人的自我目的不可能独自实现,而必须在与他人追求共同的理想中才能实现。这些与他人共同追求的理想便也成为与自我不可分割的、构成自我本身的基本要素"。[1] 有国内研究者提出,自我认同是个体在把自我归类为某个社会共同体成员的基础上确认自身意义,为个体行为提供动力。也就是说,自我认同将个体层面的认同和社会层面的认同通过实际承担认同的个体连接在一起,实现这两个层面的有机整合[2]。综合各种观点,自我认同和社会认同的关系可以大致作以下归纳:自我认同是各种社会认同在具有独特性的个体身上的有机综合,决定了个体协调自身及与他人、与共同体的各种关系的方式。之所以存在着大量针对各类特定社会身份认同的研究,是因为如符号互动理论的观点所说:人的身份是一个角色丛,每个人身上都集成了许多角色,而每一个角色都对应着个体所处的某种社会关系、某个共同体,因此可以分门别类地进行研究探讨。从共同体福祉、群际冲突、特殊群体问题等角度出发,相应的研究和针对性的身份认同引导也是非常必要的。

身份认同理论发展至今,已经被应用到针对许多具体身份、对象、群体的研究中,如国家认同、民族认同、文化认同、政治认同、职业认同、集体认同、社群认同、少数群体认同等。而在现有的基础教育道德与法治科目相关课程标准中,针对特定身份认同的

---

[1] 俞可平著.社群主义[M].北京:中国社会科学出版社,1998:58.
[2] 韦岚.社会转型视域下的个体自我认同研究[D].上海大学,2013:49.

内容通常依据少年儿童生活经验范围的扩大过程来组织。因此,为方便整合现有研究,便于身份认同教育中的引导和评价,可将特定身份认同所对应的社会关系作三个层次的划分:(1)人际关系:个人与身边其他人小范围的交往,主要包括家庭关系、朋友关系、同学同事关系、师生关系等;(2)集体:个人经验范围内可全面接触的群体,如班级、学校、社团、工作单位等;(3)想象的共同体①:个体在经验范围内无法全面接触的群体,主要包括国家、民族、地域、政治、文化、职业等。

二、国内外身份认同测评研究

身份认同问题自上世纪开始受到关注,至今已积累了大量实证研究,研究者为此开发了各种测量、评价身份认同的框架和方法工具,其中就包括从自我认同视角进行测评的工具、从社会认同视角进行测评的工具以及对特定社会身份的认同进行测评的工具。以下将选择领域内影响力较广的测评工具进行介绍。

(一) 自我认同视角

在自我认同相关研究中,被运用较广泛的自我认同测评工具是"奥克斯和普拉克自我认同量表"②,由奥克斯(Rhona Ochese)和普拉克(Cornelis Plug)于1986年基于埃里克森的人格发展阶段理论编制而成。埃里克森的青少年人格研究的核心便是身份认同,其理论关注人格同一性,并强调青少年人格发展过程中的身份认同混乱和冲突会带来自我价值感和意义感丧失等负面后果,也就是说会产生"同一性危机"。埃里克森的理论假设是人的一生都是身份认同的形成过程,但因青少年阶段对于身份认同的形成较为关键,埃里克森的实验主要针对青少年展开;奥克斯和普拉克则将实证研究的对象拓展至各个年龄段来设计量表并加以验证。量表测量框架主要来自埃里克森研究中对认同危机的刻画,因此可以说,奥克斯和普拉克量表主要测评的是被试者是否存在认同危机、角色混乱冲突,自我同一性是否良好。经过在不同年龄段、不同国家

---

① 想象的共同体(imagined community):由安德森(Benedict Anderson)提出的概念,陈述于其著作《想象的共同体:民族主义的起源与散布》中,主要用来探讨民族主义的形成。这一概念概括了某类共同体的属性:共同体的大小范围(地理或人数意义上)超越了个体可能的经验认知范围,个体在其中不可能把握共同体的全貌,个体对其的情感、理解等,部分来源于对共同体的"想象"。
② Ochse R, Plug C. Cross-cultural investigation of the validity of Erikson's theory of personality development [J]. Journal of Personality and Social Psychology, 1986, 50(6): 1240 - 1252.

和种族的人群中反复进行实验、修改和删减,最终量表共囊括9个维度102个问题,其中信任、自主、积极、勤勉、身份角色、亲密关系、繁衍这7个维度对应埃里克森人格发展理论前7个阶段可能发生的认同危机的相关特征,幸福感和社会期望这2个维度则用于验证量表的有效性,选项采用的是4分法。

另一个有影响力的自我认同测评模型由马西亚(James Marcia)于1966年提出[1],同样也是对埃里克森身份认同理论的操作化。马西亚从结构(对自我的内部建构)、现象学(对外界的感受体验)和行为(最终外在表现)三个角度进行研究,以埃里克森理论中身份认同形成过程的"探索"和"承诺"为变量,划分出四种自我认同(在相关研究中通常被翻译为自我同一性)的状态。"探索"指个体对各种与自身身份相关的问题(如政治观念、职业、信仰等)进行思考和选择,"承诺"指个体经过思考所做出的抉择,以及相应付出的时间、精力、努力等实际的投入。根据个体在探索和承诺两个方面的不同表现进行组合,自我认同状态可以区分为四种:成就同一性(identity achievement,积极探索、实际投入承诺),暂缓同一性(moratorium,开始进行探索,尚未实际投入承诺),早闭同一性(foreclosure,没有进行主动探索,服从于他人的意愿并作相应投入),弥散同一性(identity diffusion,既没有进行主动探索,也未投入承诺)。其中,成就同一性和弥散同一性是埃里克森提出的身份认同状态的两极,早闭同一性和暂缓同一性则来自埃里克森研究中的部分描述,埃里克森本人并未将四者并列讨论[2]。可以说,马西亚对埃里克森的理论进行了很好的梳理和重构,构建了可操作的评价身份认同状态的标准框架。

马西亚的实验采用的方法较为复杂,包含了多种测评方法并最终相互结合来分析被试的自我认同。首先是身份认同状态测评,采用半结构化访谈形式,由受过专业训练的访谈人员采用设计好的计分表进行评估,最终判定被试属于四种同一性中的何种状态。其次是整体自我认同,采用半结构化心理测试的形式,具体采用句子填空的方式,共包含23个项目,即"自我认同填句表"(Ego Identity Incomplete Sentences Blank,

---

[1] Marcia J. Development and Validation of Ego-Identity Status [J]. Journal of Personality and Social Psychology,1966,3(5):551–558.
[2] Kroger J. Identity Development in Adolescence and Adulthood. Oxford Research Encyclopedia of Psychology [J/OL]. Oxford University Press, https://doi.org/10.1093/acrefore/9780190236557.013.54,2021,23 July.

EI-ISB),同样以最终对答案进行判定计分的方式,对个人自我认同程度进行测量,这也是被后续各类自我认同研究沿用最多的测评方式。此外,在实验中马西亚还采用查姆斯(Richard de Charms)和罗森鲍姆(Milton Rosenbaum)[①]开发的自尊问卷(Self-Esteem Questionnaire,SEQ-F),沿用布鲁纳(Jerome Bruner)[②]等人开发的概念达成任务实验(Concept Attainment Task)。在被试完成一个以对概念属性提问的方式猜出目标概念的任务时,施加(或不施加,用以对照)心理压力,在任务前后使用SEQ-F进行测试,并观察记录其在四类同一性指标方面的表现。

继马西亚之后,许多学者在其框架的基础上开发了各种自我认同测量工具。此外,部分学者进一步就自我认同的内容进行了深入探讨,以探索可操作的自我认同实证研究框架。

桑普森(Edward Sampson)[③]列出了22项自我认同特征,并将其区分为个人认同和外部社会认同两个方面,内容涉及个人情感感受等内在自我认同内容、个体在所处群体中的认同等外部认同,选项采用5分法,测试量表各项目在被试自我认同构成中的重要程度。奇克(Jonathan Cheek)[④]对桑普森的量表进行了改造,形成的量表共17项,同样采用5分法测试各项自我认同具体内容在被试自我认同构成中的重要程度,并称该测量维度为"认同重要性"。所涉及的内容包括价值观与道德准则、梦想、个人目标、自我独特性感受、自我评价等个人认同10项,以及在所在群体中受欢迎程度、名誉、吸引力、社交行为等外部社会认同7项;在不断测量研究自我认同的过程中,发现了自我认同的个人、社会以外的两个新维度:集体认同和关系认同。此后奇克研究团队又多次对量表进行修正,最终形成认同内容量表(Aspects of Identity Questionnaire IV,AIQ-IV),包括个人认同10项、外部社会认同7项、集体认同8项和关系认同10项。陈坤虎等人则在奇克量表最初的个人认同10项和外部社会认同7项的基础上,

---

[①] Charms R D, Rosenbaum M E. Status Variables and Matching Behavior [J]. Journal of Personality, 1960,28:492-502.
[②] Bruner J S, Goodnow I J, Austin G A. A Study of Thinking [M]. New York:Wiley, 1956.
[③] Sampson E E. Personality and the Location of Identity [J]. Journal of Personality, 1978,46(3):552-568.
[④] Cheek J M. Identity Orientations and Self-Interpretation [J]. Personality Psychology, 1989:275-285.

增加了形象认同相关内容26项,依据同样的认同重要性维度设计量表,共43项[①]。

加藤厚在马西亚的"探索"和"承诺"变量之外增加了"自我投入的意愿",编制了自我同一性状态测定量表。张日昇又对加藤厚的量表进行了修订,最终量表包括12个项目,涵盖过去危机、现在自我投入、未来自我投入三个方面[②]。

格洛特万(Harold Grotevant)对马西亚的"探索"概念做出进一步区分,将其拆解为5个变量:寻求信息倾向、竞争驱动力、当前身份满意度、对探索过程的期待、探索的意愿。格洛特万对自我认同的测评采用自我认同访谈的形式,之后又将访谈提纲和研究成果结合亚当斯(Gerald Adams)的自我认同状态客观测量工具(Objective Measure of Ego Identity Status,OM–EIS),编制了扩展版本的自我认同状态客观测量工具(Extended Objective Measure of Ego Identity Status,EOM–EIS),包括意识形态方面的宗教信仰、职业、政治、生活方式,以及人际关系方面的恋爱、友谊、性别、娱乐活动,共8个类型的64个测量项目。后续又有多位国内外研究者采用EOM–EIS量表进行自我认同研究,并对量表进行修订[③]。

(二)社会认同和特定社会身份认同视角

如同自我认同测量工具主要沿袭埃里克森身份认同理论一样,以社会认同视角开发的身份认同测评工具,基本沿袭以泰费尔为代表的社会认同理论脉络的研究成果。社会认同侧重于探讨个体与群体的关系,泰费尔对群体认同的定义在相关研究中被广泛使用,群体认同包括对群体成员资格的认识、情感意义、价值评价三个维度。但正如埃里克森理论未提供具备可操作性的评价指标,泰费尔的研究也未对这些维度的划分以及进一步的具体认同表现进行探索和验证,因此后续研究者出于各自的研究目标或研究视角,依据社会认同理论构建了相应的测评工具。此类测评研究以关注群体认同(group identity)、组织认同(organizational identity)以及其他特定社会身份认同为主,以下就这三类作简单介绍。

社会群体本就是社会认同理论的主要研究对象,许多特定身份认同的本质就是群

---

① 陈坤虎,雷庚玲,吴英玮.不同阶段青少年之自我认同内容及危机探索之发展差异[J].中华心理学刊,2005,47(3):249—268.
② 贺倩如.云南特有少数民族青少年自我认同研究[D].复旦大学,2014:22.
③ 贺倩如.云南特有少数民族青少年自我认同研究[D].复旦大学,2014:17.

体认同(如国家、族群、集体等),因此群体认同研究和测量基本是从社会认同理论的视角进行的。部分研究者认为群体结构是单维的,故对社会认同的内容不作维度区分,量表只有一个或者几个项目。如胡珀(Micheal Hooper)指出"认为自己是……"是组成社会认同测量程序的核心,并且就这一核心编制了一个含四种分类选项的试题,对40个群体进行非正式采访调查[1]。莱特(Steve Wright)等的自我内含群体量表(Inclusion of the Ingroup in the Self, IIS)沿用了阿隆(Art Aron)等编制的自我内含群体量表(Inclusion of the Other in Self Scale, IOS),采用韦恩图描述自我与他人之重合关系的思路,为被试提供7种表达不同级别的自我与群体重合关系的韦恩图选项,以测量个体的群体认同水平[2]。斯皮尔斯(Russell Spears)等人编制的群体认同问卷仅包含4项问题:"我将自己看作该群体成员""成为该群体成员我很高兴""我感到和群体有紧密的联系""我认同群体内其他成员"。选项采用7分法,按分数区分高认同者和低认同者[3]。大部分研究者认为社会认同的结构是多维的,并对各维度作了具体区分[4]。布朗等人将社会认同区分为社会成员身份的意识、评价和情感三个维度,以177名工人为被试开展调研,但分析结果表明这三个维度的区分不够理想,量表只能区分积极对待成员身份的项目和消极对待成员身份的项目。[5] 艾蕾默等人编制的群体认同问卷采用7分制量表,共10项,以119名大学生为样本,研究大学生的群体认同情况,该量表信度较好,经过因素分析后发现群体认同存在三个独立的维度:群体自尊、自我归类、群体承诺[6]。杰克森和史密斯根据以往研究,总结了群体认同的四个维度:

---

[1] Hooper M. The Structure and Measurement of Social Identity. [J]. Public Opinion Quarterly. 1976,40(2):154.

[2] Wright S C, Aron A, Tropp L R. Including Others (and Groups) in the Self:Self-Expansion and Intergroup Relations. In *Social Self:Cognitive, Interpersonal,* and Intergroup Perspective [M]. New York:Psychology Press, 2002:343-363.

[3] Spears R, Doosje B, Ellemers N. Self-Stereotyping in the Face of Threat to Group Status and Distinctiveness:the Role of Group Identification [J]. Personality and Social Psychology Bulletin, 1997, 23:538-553.

[4] 陈晶. 11至20岁青少年的国家认同及其发展[D]. 华中师范大学,2004.

[5] Brown R, Condor S. Explaining Intergroup Differentiation in an Industrial Organization [J]. Journal of Occupational Psychology. 1986,59(4):273-286.

[6] Ellemers N, Kortekaas P. Self-Categorization, Commitment to the Group and Group Self-Esteem as Related but Distinct Aspects of Social Identity [J]. European Journal of Social Psychology. 1999,29(2/3):371-389.

群际环境的感知、内群体的吸引力、共同命运和去个人化,而若想精确地预测群体认同的结果,就有必要对群体认同的四个方面进行全面考察。[①] 卡梅隆(James Cameron)编制了群体认同三维强度表(Three-Dimensional Strength of Group Identification Scale),提出了群体认同的认知中心性、内群情感、内群联结三个群体认同测量维度[②],其中认知中心性近似于其他量表中的身份意识、自我归类,内群情感是指对群体有着积极的情感,内群联结则是指与其他个体的联结强度。量表包含12项,采用6分法。

组织认同是群体认同的一种,指在学校、工作单位等与个人生活息息相关的组织中的群体认同,因而受到研究者的关注。李保东等对组织认同心理和行为分别建构测量方程,运用结构方程建模(SEM)进行检验,得到了转型时期中国企业员工组织认同的全模型。该模型揭示了组织认同内部两个层次五个方面的相互影响关系,即组织认同分为心理和行为两个方面:在心理层面,分为由物质性需要引起的利益性组织认同,因情感和交往需要而产生的归属性组织认同,源于个体自我增强需要在社会中追求发展的成功性组织认同;在行为层面,可分为对组织热心的行为和对组织负责的行为。[③] 孙健敏、姜铠丰通过访谈法、类属分析和德尔菲法等方法收集信息,通过质性分析对中国背景下组织认同的维度进行探究,认为中国背景下组织认同的结构包括以下9个维度:归属感、身份感知、成员相似性、个体与组织的一致性、组织吸引力、组织参与、感恩与效忠、人际关系、契约关系,并在研究中明确指出前6个维度基本能够涵盖现在西方研究中已经提出的组织认同的维度,且在中国文化背景下有存在的价值和特殊意义,而后3个维度是中国背景下组织认同所特有的维度,具有不同于西方的特殊意义。[④]

特定社会身份认同相关研究种类繁多,在此仅介绍我国基础教育中最受重视的国

---

① Jackson J W, Smith E R. Conceptualizing Social identity: A New Framework and Evidence for the Impact of Different Dimensions [J]. Personality and Social Psychology Bulletin. 1999,25(1): 120-135.
② Cameron J E. A Three-Factor Model of Social Identity [J]. Self and Identity, 2004,3: 239-262.
③ 李保东,王彦斌,陈雪东,唐年胜. 组织认同心理和行为结构方程全模型研究[J]. 统计与决策. 2008(17): 64—66.
④ 孙健敏,姜铠丰. 中国背景下组织认同的结构——一项探索性研究[J]. 社会学研究,2009,24(01): 184—216+246.

家认同相关研究。国家认同是否可以直接套用社会认同理论和社会群体认同的工具进行研究,至今仍存在一定争议。这是由于国家概念无论牵涉到多么复杂的文化、政治、民族、宗教问题,同样还是对应着一个社群;但同时国家认同内容复杂、意义重大,确实也存在一定特殊性,因此其测评也需要兼顾社会认同理论和国家认同专门研究两方面的理论依据。

如前文所说,最早对儿童国家认同进行实证研究的是皮亚杰,其采用的是访谈法。巴雷特的儿童国家认同研究尽管挑战了皮亚杰的观点,但采用的测评方式同样是对儿童进行访谈。两者访谈内容均侧重于了解儿童对本国的理解、对他国的印象、对国际关系的理解。国外相关研究中,单独针对国家认同设计的问卷量表较为少见,相关测评分散在文化认同、民族认同等相关研究中,这里不作详细介绍。在针对国家认同的测评方面,国内研究者获得了较多的研究成果。管健和郭倩琳将国家认同测量结构维度区分为价值倾向、情感确认、行为投入三个维度,价值倾向又包括国家倾向和世界倾向,情感确认包括自我分类、依恋归属、承诺、重要程度,行为投入则包括评价、行为探索、社会嵌入。之后又修改为五个主要维度:国家归属感、国家承诺、国家主义倾向、世界主义倾向、行为探索,并设计相应的量表。量表综合了国外牵涉到国家认同的相关量表内容、以及依据结构维度本身新增的条目,通过效验,最终形成包含39个条目的中国国家认同量表(C-NIS),问卷采用5分法[①]。杜兰晓将国家认同的内容区分为四个方面:祖国认同、道路认同、理论认同、制度认同,并设计了相应的量表,包括15项,采用5分法[②]。此外,由中国社会科学院社会研究所组织的全国范围内大型连续抽样调查项目——中国社会状况调查(Chinese Social Survey,CSS)的数据中,包括了来源于量表中国家认同感方面的数据,其测量依据借鉴了政治学领域普遍采用的公众态度调查方法,采用5分法,内容仅包括5项:"当别人批评中国时,我觉得像是在批评我自己";"我经常因国家现存的一些问题感到丢脸";"我经常为国家取得的成就而自豪";"如果有下辈子我还愿意做中国人";"不管中国发生什么事,即使有机会离开,我

---

① 管健,郭倩琳. 我国青年国家认同的结构与验证[J]. 南开学报(哲学社会科学版),2019(06):82—92.
② 杜兰晓. 大学生国家认同研究[D]. 浙江大学,2014.

也会留在中国①"。这部分量表和CSS的相应数据被国内部分国家认同研究所采用。

三、中小学生身份认同的测评

当前的基础教育相关课程标准尽管已经暗含了身份认同教育的线索，但由于并未明确将其作为学科核心素养，因此学生的身份认同形成状况并不在学科学习效果的评价体系之内，仅有国家认同、政治认同、家乡认同等特定认同，由于牵涉到具体教学内容，被作为课程学习效果的一部分进行评价。而现有研究已经表明，塑造积极的身份认同对于个体与共同体的福祉具有重要意义，而儿童时期和青少年时期是身份认同形成的重要阶段，因此身份认同教育应当在学校教育中引起更高的重视。儿童和青少年积极的自我认同不仅是其个体和所在共同体福祉的保障，同样也是各类特定身份认同以及道德感形成的必要基础。此外，各种特定身份认同、或者说一个人的不同社会角色在个体身上的承诺和凸显也决定了个人的情感态度价值观和行动决策，也就是说，对特定身份认同水平单独进行测评可能无法全面把握学生整体的价值观发展和相应的行动决策形成状况。因此，在学校教育相关课程的评价中，应当将身份认同作为一个具有多个维度、多元内容，但又是一个整体的状态进行测量和评价。

综合国内外身份认同测评的相关研究可以发现，对身份认同的测评可以分为两类：一类主要测量身份认同的形成发展状况中是否存在身份认同危机，以奥克斯和普拉克量表为代表；另一类主要测量身份认同状态的积极/消极水平（或自我认同、特定社会身份认同），以马西亚自我认同测评框架以及各类社会身份认同量表为代表。后期也有部分研究同时关注这两个方面，设计兼顾两方面指标的量表。这两种测评研究倾向也提示了：身份认同教育一方面要注重监测学生的身份认同是否存在身份缺失、冲突等危机，另一方面也要注重看似不存在危机的身份认同发展阶段水平，从而有区分度地进行评价、有针对性地进行引导。

（一）测评的表征维度与测评方法

现有身份认同实证研究在测评方法方面较为多样，涵盖了观察、访谈、选择题或句

---

① 李春玲，刘森林.国家认同的影响因素及其代际特征差异——基于2013年中国社会状况调查数据[J].中国社会科学，2018(04)：132—150，207.

子填空形式的问卷量表、任务实验、词语联想,等等。不过,学校教育中的身份认同测评,从目标和实施条件来说都与学术研究有所不同,部分测评方式由于其复杂程度、实施难度、对专业人员的需求等原因,并不适合在学校教育中开展。对于教师、学校管理者、相关教育部门来说,较易于实施的测评方式主要为观察和问卷量表。对所有学生进行定期访谈不具有现实可行性,访谈宜采用抽样的方式或结合问卷量表的测量结果选择部分学生进行。

无论是问卷、观察还是访谈,最终考察的都是测评对象的某些表征数据,也就是说能够体现学生身份认同水平的学生具体表现。现有身份认同实证研究所测评的表征主要有以下三个方面:情感态度、认知、行动。以积极的国家认同为例,这三个方面具体可以理解为:情感态度,指由学生的身份认同现状所导致的自然的情感表现和态度倾向,如表现出对祖国的热爱之情,在遇到相关场合和节日时情绪会起伏和变化,对他人有损自己国家的言行会感到愤怒,赞同和接受国家重大决策等。认知,指学生的身份认同现状所对应的思想认识、价值判断等,如对自己与国家关系的认知、对国家历史文化与政治制度的理解、对国际关系的认知和思考等。行动,指学生的身份认同现状使学生做出的相应实际行动,如能够采取对国家发展和国家安全有益的实际行动等。

这三种表征的本质决定了每一种所适宜采用的测评方法。问卷量表和访谈可以较好地测量学生的认知表征;情感表征可以通过问卷和访谈测量,但在条件允许的情况下最好结合日常观察进行评价;行动表征的测评则应主要采用观察法,问卷和访谈可以提问相关内容,但结果的真实性和客观性很难保障。

(二)测评的指标维度与测评内容

受到广泛认同的两大身份认同测评框架中,奥克斯和普拉克框架侧重自我认同的测评,能从个体健康出发较好地发现和分析认同危机,但缺乏社会群体视角的考量。马西亚的测评框架指标清晰,测评结果具有区分度,能很好地解释身份认同发展阶段中不同状态的成因,同时也可以分别对学生特定身份认同的探索和承诺进行分析。将这两者结合,可初步建构适用于基础教育的身份认同测评指标维度。

身份认同的测评一方面需要同时关注自我认同和社会认同两个角度,另一方面也需要同时关注身份认同形成的过程和内容。依据马西亚测评框架,以身份形成过程中学生已经进行的探索和承诺作为测量指标,可以测评学生的身份认同(包括自我认同和特定社会认同)处于认同成就、认同暂缓、认同早闭、认同弥散中的何种状态。奥克斯和普拉克框架中的信任、自主、积极、勤勉、幸福感、社会期望6项指标可作为自我认同角度的测评内容。该框架中的原有的亲密、繁衍两项所对应的危机年龄段为成年阶段,在基础教育年龄阶段尚未体现,暂不纳入考虑。原有的身份一项,指对自己的身份角色有一定思考、对未来发展有一定设想,内容近似于马西亚测评框架的"探索",为避免重复也不纳入考虑。社会认同测评内容应按照社会关系-集体-想象的共同体三个层次来考虑,评价指标则综合泰费尔群体认同三维度以及现有研究中的群体认同测评指标维度,并为囊括家庭关系、朋友关系等不属于群体的社会关系进行评估,修正三维度的表述为:资格认识、价值评价、情感联系。见图5-1。

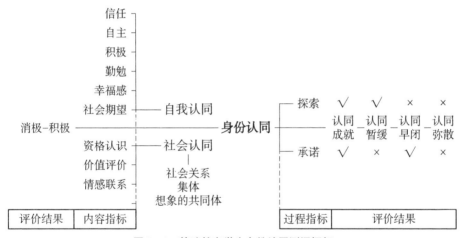

图5-1 基础教育学生身份认同测评框架

依据此框架的理论来源,联系基础教育阶段学生的学习生活语境,其中各项指标可作以下理解:信任,指是否能与身边的人建立适当的信任关系;自主,指是否能控制自己的行为、采取一些独立行动;积极,指是否有自行完成一些任务的动机;勤勉,指具备一定的进取心、对外界的评价有意识;幸福感,指对生活经历的感受是否愉快;社会期望,指是否倾向于调整自身使自己被社会接受或赞赏。资格认识,即对自身归属于某个集体或共同体、或处于某种社会关系之中有明确意识,并认识到自己和其他群体成员的共同之处,认识到自身与其他个体处于何种关系以及自己对共同体有何义务和责任;价值评价,即对自身所属的集体或共同体、所处社会关系的评价,并随之产生自豪感等;情感联系,即对所属的集体或共同体、所处社会关系投入情感,对其有依恋感、归属感等,感受并接纳群体或相关其他个体对自身的影响。探索,指的是对自己的身份进行思考、对可能的身份进行尝试,具体表现有参与相关的课程学习、扩大自己的交往圈、设想自己的职业、尝试不同的兴趣爱好等等;承诺,指表现出对某些身份投入情感、付出实际行动,如在生活中尊重长辈、作为学生认真学习、作为中国人维护国家的尊严等。

以上仅作为基础教育学生身份认同评价的大致框架,具体测评方法、量表工具、测评结果的评价标准仍需结合学校教育的现实条件、以及更深入的实证研究,进行进一步探索开发。

四、基于上薗联想测评工具的身份认同测评探索

身份认同的指标包含了难以观测的态度。世界上测评态度的方法大致可归为外显法和内隐法两种。外显测量法又称直接测量法,包括观察法、访谈法、态度等级量表、非正规的书面报告(如工作记录、日记等带有个人体验和感情的书面作品)等方法。外显测量法基于这样一种假设:被试能够清楚地认识到并且愿意真实地表明自己的态度。但是,这种假设受到了质疑。为了避免被试有意识地修改、隐藏自己的态度或者是按照社会赞许的方向来回答给出的问题,越来越多的研究者倾向于采用更加隐蔽的测量法即内隐法,来获得被试更加真实的态度。所谓"内隐",就是在测量过程中不让被试知晓施测者的真正意图,施测者采用间接的方式获得隐藏于内心深处的态度,因此这种测量法又叫间接测量法,如投射测验、传记分析法、情景测验法和反应式法都属于内隐法,但投射测验、传记分析法、情景测验法由于不易量化、主观性强而难以得到广泛应用。比较著名并且被引进到国内的内隐法是格林沃尔德(A. G. Greenwald)等人于1998年提出"内隐联想测验"(Implicit Association Test,简称IAT)。这一方法仅仅限于专业研究者的实验研究,无法在教育实践层面得到广泛运用。因为这种测验法需要拥有相当程度心理学和统计学专业知识的人才能实施和分析,普通教师不仅难以实施这样的操作,而且无法通过短暂的培训来解读测验结果。

日本道德教育学家上薗恒太郎试图解决这个问题。他在借鉴古往今来的联想理论,分析内隐法的优势和不足的基础上,与信息技术学、统计学专业人员合作开发了联

想测评法,该测评法包含一套处理联想数据并将处理结果加以可视化的软件,为解决道德教学的测评难题打开一条通道。沈晓敏在与上薗恒太郎合作开展的中日道德教育比较研究中,应用其方法测试了学生对自我、家庭、学校和国家等的情感态度倾向,发现这一测评法可以用来测试一个集体内的学生总体的身份认同倾向。高峡和沈晓敏将这一方法称为"上薗联想测评法"[①]。

(一)上薗联想测评法的原理与特点

上薗联想测评法通过在一个学习集体内让所有学习者同时对一个或数个提示语进行自由联想,运用特定的联想数据处理软件,展现该集体在联想词数量、种类以及每个联想词和每一类联想词的比例与联想人数等信息,由此读取该集体成员的意识、态度和情意状况。

1. 测评实施的过程和方法

(1) 获取联想数据

a. 根据教学目标和内容或研究目的和内容,确定让学生进行联想的提示词,并制作成测试单。以冈崎耕 2015 年在上海展示校执教的《放屁新娘》一课为例,他在教案中确立了如下教学目的和教学目标。

教学目的:让学生意识到自己是能够体谅、关心他人的,并以此培养学生的自我肯定感。

教学目标:让学生理解体谅是指①站在对方立场上考虑;②接纳对方的全部。

据此,他确定了联想测试的提示词是"自己""体谅""帮助""同情心""新娘"。

b. 将印有提示词的测试纸发给在场的每个学生,经过简要说明后,全体学生根据实施者的口令,依次对每个提示词写下自己联想到的词。上薗将每个词的联想时间设定为 50 秒。所有学生在 50 秒内尽可能多地写下联想词,也允许不作答。

c. 所有提示词的联想全部完成后,实施者回收测试卷。

(2) 联想数据的处理

联想词的数据处理软件由藤木卓、丝山景大、上薗恒太郎共同开发,作为 Excel 的插件,安装极其简便。联想数据通过装有该插件的 Excel 进行处理。处理步骤如下:

[①] 高峡、沈晓敏.上薗联想测评法:一种便于教师应用的道德教育测评工具[J].全球教育展望,2016(5).

a. 选择要做数据处理的提示词,依次输入每个被试对此提示词写下的联想词。

b. 输入完毕后,软件自动形成该提示词的联想地图,并呈现该集体的联想词总数、联想词种类、离散度、联想量总和,以及每个词的词频和人数比。

c. 如果要对某课的前测和后测进行对比,则软件可以合并前测与后测的数据,生成前后测数据对比表,显示在后测中联想词减少、消失和增加的数量。

d. 如果要对联想词进行质性分析,则确定分类标准,对已输入的联想词再进行分类处理,软件自动生成分类联想地图,同时显示出各类词的数量、词频和人数比。

2. 联想地图中常用的变量及其含义

(1) 人数:一个学习集体参与联想测试、递交答卷的人数。不管学习者是否写出联想词,除了特殊学生不列入统计之外,即使没有写出联想词的被试者也纳入统计人数,输入数据时,遇到没有写出联想词的被试者,记为"无"。

(2) 联想词总数:一个集体内所有成员对于特定提示词所联想到的词的总和。假设,围绕"我"这一提示语,有10人提到"学生",8人提到"聪明",3人提到"高",那么联想词总数就是 $10+8+3=21$ 个词。

(3) 联想词种类:一个学习体内所有成员一共联想的词语种类。按上述(2)的假设,该集体的联想词种类是3。

(4) 离散度(entropy):表示全班联想词的聚集程度或分散程度。离散度高的话,说明该班级学生的联想词比较分散,相同的联想词较少,联想地图上显示为中心没有联想词。离散度低的话,说明该班级学生联想到相同的词,联想词种类较集中。离散度的高低本身没有好坏之分,是追求集中还是追求分散要根据教学目标来定。

(5) 联想量总和:联想地图中每个联想词面积(即每个词的联想量)的总和。联想词的总数和联想词的种类越多,联想量就越大,联想地图的面积也相应变大。

(6) 人数比:表示联想到某个词的人数所占比例。例如,被试者为33人的班级,关于"朋友"的联想词全班共出现11个"宽容",也就是说有11人联想到这个词,那么人数比为 $11/33=0.33=33\%$。

但是人数比在表示一类词的联想人数时,含义有所不同。例如:

被试者为31人的班级,关于"教师"的联想词中,肯定性词语数共有82个,那么,肯定性词语的人数比便为 $82/31=2.563=256.3\%$。其含义可以解释为:该班级对

"教师"的联想词中平均每个学生有2.5个词是肯定的。

3. 上薗联想测评法的特色

第一,完全的自由联想。被试仅根据提示词写下联想词,没有其他任何引导其联想方向的暗示或规定。学生在50秒内写多少词都可以,甚至可以不写。且所有被试是同时作答,答题纸上不记名,因此被试处于完全放松的气氛中,无需任何心理防备,不用猜测实施者的意图。可以说实施者获取的联想结果是完全真实的。上薗根据多次实验发现给学生50秒时间对一个提示词做出联想,学生有足够时间写下自己的感受和思考,可写出有"厚度"的多个词语。

第二,测验结果以可视化的图形和数值加以呈现,既可做量化分析又可做质性分析。上薗联想测评法包含了这样一个技术:将一个学习集体的联想结果以联想地图的形式加以可视化,使该联想中比较稳定的部分置于联想地图的中心,容易变动的不稳定部分置于周边,即根据联想词的出现频率呈现联想词的分布状况,从而反映出一个学习集体的联想结构。数据处理软件还可以分析联想词的总数、种类、每个联想词的词频和人数比,并根据研究者的需要对联想词进行分类处理,从而对联想词的性质进行质性分析。

第三,仅分析学习集体的联想情况,不做个体分析。个体的联想数据无法反映教育的效果,只有从集体所有成员的联想所表现出的共性特征中发现该集体的意识特征,推断该集体所受到的教育影响。上薗认为,从统计学角度来说,某个联想词的人数比达到37%,可以推断该联想词具有该集体的代表性。

第四,测验便于实施,测验结果便于更多人解读。测验结果通过专门软件处理后,会以图和表的形式将所有联想词呈现出来。读这些图和表并不需要多少专业知识,无论是研究者还是教师、学生,所有相关人员都可以看到被试者的联想状态并参与讨论。对于学习者来说,不仅能看到自己的状态,同时还知道其他人是怎么想的;对教师来说,可以确认学生的意识动态,从而对教育教学进行反思和改善。

上薗是在研究了前人的联想思想史和联想心理学研究成果的基础上形成了他对联想的理解,进而发展他的联想测验法。也许有人会质疑:个体的联想是极其不稳定的,一个集体的一次联想测验结果何以能作为判断该集体成员态度或意识的依据,并用以评价教育教学效果的呢?

上薗曾对同一调查对象以同一内容进行间隔5分钟的连续两次测试,发现调查对象的两次联想发生了如下变化:两次联想的词语种类中只有30%是相同的,消失或新出现的词语则达60%。因此,上薗承认变动大是联想的特色,联想是不稳定的,这表明人可以在短时间内产生丰富的联想。正是因为联想具有这个特点,教育者才更需要把握学习者的联想状况。

上薗指出,联想词是由提示的概念唤起的学生的知识、想法和心情,即意识整体的表达。联想词虽然是变化的,但是在一定时间段内,采集很多联想词的话,会发现多种多样的心情、知识和想法,出现频度较高的联想词构成了联想的稳定基础。"频度高的联想词虽然在个人层面上是变动的,但在集体层面则是稳定的。频度高的词语成为联想结构中较为稳定的基础,具有恒常性,是提示语引出的联想的核心。"①

上薗发现,多数学生都联想到的那些词是与提示词有着最紧密联系的,是大多数学生认知的、几乎等同于提示词的定义或关于提示词含义的常识性词语。而提示词来自于体现教学内容的关键词(关键概念),因此根据学生所联想的词语可以看出学生经过教学的意识发生了什么变化,对关键概念的理解达到什么程度。②

上薗认为,从教育教学的角度来看,学生们是带着对许多事物的联想进入课堂的,教师应敏锐地把握学生隐藏着的想法发生着怎样的变动,据此来组织教学。"学生的联想和言词的变动虽然不稳定,但为了把握学生集体的意识变动,这种不稳定的联想和言词正是值得去把握的对象。把握了随意联想的词语,就是把握了生动的课堂的变动趋势"。正是由于这种变动,联想如同探索新想法的头脑风暴一样,能产生很多联想词从而扩展思想。随意想起的言词未必变成文章,却可通过记录推进思维实验。③

(二)上薗联想法在身份认同测评中的运用

1. 有关自我认同的测评

上薗认为,儿童的自我肯定感是儿童道德发展的基础,因此每节道德课无论是什么主题,都有一个基本目标——培养儿童的自我肯定感,并通过联想法测验,考察教学效果。以一节小学三年级"体谅"主题的道德课为例,上薗在课前和课后对全班学生了

---

① 上薗恒太郎. 連想法による道徳授業評価—教育臨床の技法[M]. 东京:教育出版株式会社,2011:119.
② 上薗恒太郎. 連想法による道徳授業評価—教育臨床の技法[M]. 东京:教育出版株式会社,2011:124.
③ 上薗恒太郎. 連想法による道徳授業評価—教育臨床の技法[M]. 东京:教育出版株式会社,2011:111.

做了联想测试,通过分析学生课前和课后对提示词"自己"的联想,考察学生上完一节道德课后自我意识发生了什么变化,自我肯定感是否增强。学生对"自己"的联想词被分为肯定、否定、属性、身体、其他五类。肯定类词语显示了学生对自己积极的、肯定性的评价,如:重要、开朗、能交朋友、喜欢生物、厉害、漂亮、聪敏、字写得好、跑得快等。否定类词语如任性、字写得不好、跑得慢、害怕等。前测中,该班学生肯定性联想词的数量占总联想词数的 11.4%,人数比为 58%,即每人平均 0.58 个肯定词,虽然比否定类词语(人数比 22.6%)要多,但是同属性类词语(145.2%)和身体类词语(261.3%)相比,少了一位数。上薗认为,测验结果看不到学生对自身内在价值的认识。

经过一节课的学习,在后测中学生对"自己"的联想发生了变化。表 5-1 显示了前后测中关于"自己"的联想词在不同类别中数量的变化。

表 5-1 关于"自己"的前后测联想词数的分类比较

类别	前测	后测
身体	81▲	77▽
属性	45	61
肯定	18▽	63▲
否定	7	12
其他	7	5▽

(▲显著性增多,▽显著性减少,$p<0.5$)

上薗对测验数据的解读如下:

(1) 根据卡方检验结果来看,与身体相关的联想词显著减少($p<0.5$),肯定自己的词语由 18 个增加到 63 个,人数比从 58.1% 显著增加到 196.9%,即平均每人有将近 2 个词是肯定类的。上薗认为,这是这节课在提升学生自我肯定感上产生效果的证明。

(2) 前测中与身体相关的词语占联想词总数的一半以上(51.3%),后测减少到 35.3%,而表现自我肯定意识的联想词比例从 11.4% 增加到 28.9%。并且,关于"自己"的联想词总数也从 158 个增加到 218 个,增加了 38.0%,词的种类从 84 个增加到 126 个,增加了 50.0%。这说明,学生的意识转到了对自己的反省,并转向对自己的肯定。自我认识的丰富还表现在离散度和联想总量的大幅增加(+0.7及+7.91)。

(3) 从联想词的性质来看,与故事主人公相关的形容词"善良"成为学生联想自己的词语,占总词数的25.0%。"体贴"、"助人"等本节课的关键词也在后测中均增加了6.3%,成为学生重新评价自己的用语。

(4) 后测还出现了一些新的词语,如"健康"(人数比增加9.4%)、"笑脸"(人数比增加了6.3%)。此外,还出现了一些表现自己特征的属性类词语,如"生气"、"哭"、"爱说话"、"睡觉",均增加了6.3%。这意味着学生经过在课堂上对自己的反思,对自己有了新的发现。

(5) 与前测相比,后测中也有减少的联想词,这些词属于对自己的一般意义上的界定,如"人"(人数比减少12.9%)、"生命"(人数比减少9.7%)、"活着"(人数比减少6.5%)。上薗由此认为,这节课提高了学生的自我肯定感,是一节有意义的课。

2. 身份认同状况本土测验

2015年6—7月,沈晓敏在上薗的指导下,尝试运用联想法对上海和北京7所学校共31个班级进行了联想测验,提示词包含了自己、父母、朋友、学校、家庭、国家以及关怀、尊重、协作、正直、欺负、和平、战争、死亡等。从测验结果中可发现班级之间、年级之间、学校之间存在的差异,这些差异与事后了解的实际情况具有高度的相关性。

以上海Z校两个班级部分提示词的联想测验为例,8年级A、B两个班的学生均以自己、家庭、学校、中国,以及关爱、尊重、负责为提示词进行了联想,联想测验实施当天,A班实到人数为25人,B班29人。两个班级相差4人。联想结果如表5-2所示。

表5-2 上海Z学校8年级A班与B班的联想测验结果

班级	提示词	联想词种类(种)	联想词总数(个)	离散程度	联想量总和	联想最多的前五个词及人数比
A班25人	自己	76	87	6.2	15.2	成绩(0.1)、无*(0.1)、帅(0.1)、学校(0.1)、父母(0.1)
B班29人		136	157	6.9	24.4	帅(0.3)、活泼(0.1)、呆(0.1)、英雄联盟(0.1)、学习(0.1)

续 表

班级	提示词	联想词种类（种）	联想词总数（个）	离散程度	联想量总和	联想最多的前五个词及人数比
A班25人	家庭	69	95	5.8	14.8	温暖（0.3）、父母（0.2）、和谐（0.2）、妈妈（0.1）、开心（0.1）
B班29人		104	140	6.5	20.3	和睦（0.2）、幸福（0.2）、父母（0.2）、温暖（0.1）、和谐（0.1）
A班25人	学校	87	126	6.1	19.1	同学（0.4）、老师（0.3）、作业（0.2）、朋友（0.1）、友情（0.1）
B班29人		130	174	6.7	24.5	同学（0.4）、老师（0.4）、学习（0.2）、作业（0.1）、累（0.1）
A班25人	中国	86	105	6.3	17.8	美食（0.2）、繁华（0.1）、历史悠久（0.1）、团结（0.1）、长城（0.1）
B班29人		142	183	7.0	27.3	上海（0.2）、强大（0.2）、发展（0.1）、红色（0.1）、日本（0.1）
A班25人	关爱	61	97	5.6	14.0	父母（0.3）、同学（0.3）、老师（0.2）、朋友（0.2）、动物（0.2）
B班29人		101	142	6.4	20.3	弱势群体（0.2）、残疾人（0.1）、自己（0.1）、同学（0.1）、父母（0.1）
A班25人	尊重	49	82	5.3	11.7	老师（0.3）、父母（0.2）、老人（0.2）、同学（0.2）、长辈（0.2）
B班29人		84	123	6.1	17.0	长辈（0.3）、他人（0.2）、平等（0.2）、互相（0.1）、老人（0.1）
A班25人	负责	60	72	5.8	12.3	自己（0.2）、老师（0.1）、无*（0.1）、安全（0.1）、学习（0.1）
B班29人		91	138	6.2	18.8	自己（0.3）、责任（0.2）、学习（0.2）、义务（0.1）、家人（0.1）

*"无"指没有作答，该班级有三位学生没有对"自己""负责"作答。

假设两个班级学生的发展水平相当,那么在联想词的种类、总数、离散度、联想量总和这几个变量上,29人的B班会略高于25人的A班。但是从实际数据看,B班的7个提示词的所有变量都大大高于B班,除"家庭"和"学校"之外,另外5个提示词的联想词种类和总数都高出50%以上。联想词的种类和总数的多寡可以看出对一个事物的认识的丰富性以及所掌握的词汇的丰富性,这些直接与认知能力和表达能力相关。

再从质的角度看这两个班的联想内容,此处仅对数量较多的前五个联想词做比较。关于"自己",A班联想到"成绩"的人最多,还有3个学生未写出任何联想词。而B班是"帅"最多(9人),其次是"活泼"(3人),前5个的词都与"自己"内在的性格特点和身份有关。而A班虽然也联想到"帅"字(3人),但其他几个联想词都不是与自己性格爱好相关的。成绩、学校、父母对这个班的一些学生来说影响更大。从表5-3的分类统计中,可以看到,B班对"自己"使用的肯定性词语,占255.1%,远高于A班的156%。尽管B班的否定性词语也比A班高。根据"自己"的联想词可以推断B班的自我认识比A班更深入,自信心或者说自我肯定感更强。

表5-3 Z学校A、B两班关于"自己"的联想词分类比较

类别	A班人数比	B班人数比
肯定	156	255.1
否定	52	89.7
其他	140	196.6

对"家庭"的联想,两个班的共性比较多。最多的联想词是"温暖"、"幸福"、"和谐"、"和睦",还有"父母",通过这些词基本上可以看出学生对家庭、家人总体上的情感态度是积极的。

对于"学校",两个班最多的联想都是"同学""老师""作业"。A班联想到"朋友""友情"的分别有4个学生,而B班有4个学生联想到了"累",还有2个学生联想到的是"困",A班仅有两个学生联想到"压力"。可以猜测B班的学习任务更重,学业压力较大,学生对学校生活存在负面情绪,这对学校认同或集体认同会产生一定影响。

对于"国家"的联想,可以看到两个班所关注的点有所不同。A班所联想的词更为普通和常见,如"美食""繁华""历史悠久""团结""长城";B班联想到"强大""发展""红

色"等展现国家的实力和性质的词,以及"日本"等表示国际关系的词。

此外,对于"关爱""尊重""负责"等词的联想,可以发现学生首先会想到行为对象。这些联想词与"自己""家庭""学校""家庭"等的联想结合起来,可以初步判断学生对于自己、家庭、学校的情感、态度。

对于"关爱",A班更多联想到的是自己身边熟悉的人:"父母""同学""老师";B班还关注到了"弱势群体""残疾人",关爱的对象更广,包括"自己"。

关于"尊重",A班和B班都联想到"老人"和"长辈",因社会环境中"尊重老人(长辈)"是中国社会一个深入人心的社会规范,已经成为一个固定词语,所以学生可以不加思考就将尊重与老人联系起来。A班想到的其他词也限于尊重的对象,这些词都可不加深思就能联想出来。但B班有学生不仅仅联想到尊重的对象,而且联想到了"平等"、"互相"这两个触及尊重内涵的词,可见对"尊重"有更深入的理解。

对于"负责",A班有3个学生没有作答。两个班都把负责与"自己""学习"联系起来,这可以说是因为成人不断提醒孩子对自己、对学习负责的结果。对于"负责"的主体,A班多人提到老师,如同"关爱""尊重"一样,可以看出老师对于A班学生是一个重要的存在。B班则多人提到家长,此外B班有学生联想了"责任""义务"这两个与负责相近的词。

综合量和质两方面的分析,可以发现两个班级的学生对自我、家庭和学校存在不同的情感态度,一定程度上反映出身份认同的差异。而且也可以初步推断出两个班级学生综合素养上的差异,A班学生的整体素质比B班学生要高。对两个班级的数据进行比较之后,沈晓敏就这两个班的情况到上海Z校进行了调查了解,得知B班为快班,A班为薄弱班,也就是说B班在学业成绩、学习自主性等方面等都高于A班。由此证明联想法测验可以用来发现班级之间的差异,并用来诊断班级问题。

此外,笔者将上海Z校8年级与M校8年级的联想测验进行了对比,发现两个学校8年级学生呈现显著差异。仅从联想词的数量来看,虽然Z校被试54人,少于M校8人,但所有提示词的联想词种类、总数和联想量都高于M校(参见表5-4)。做质性分析的话,对于"自己"的联想,两校位于第一位的联想词是都是"帅",M校有10人(0.2),Z校有12人(0.3),最大的不同是,M校有5人写"笨"(0.1),4人写"傻"(0.1),2人写"蠢",而Z校只有1人写笨,1人写蠢。对"自己"的评价,Z校的肯定性评价远远高于 M 校。对于"学校"的联想,M 校多为老师、同学、操场、作业、教师等常见的人和物品,而 Z 校学生联想到了友情、团结等表现人际关系的肯定性词语。在以"上海"为提示词的联想测验中,因 M 校很多学生未作答,做出回答的学生大多只写"大"、"东方明珠"等词,因缺乏统计的价值,笔者放弃了统计。由此可以推测,M 校 8 年级学生在表达能力、社会认知、人际关系、自信心等方面存在严重问题。事后调查得知 M 校位于上海城乡结合部,多为外来务工人员子女,流动性较强,学业水平很低。联想法的测验结果投射出外来务工人员子女对自我、对学校、对所居住的城市存在身份认同的不足。

表 5-4　Z 校和 M 校 8 年级联想测验结果(部分)

学校	提示词	联想词种类(种)	联想词总数(个)	联想量总和
Z 校 54 人	自己	200	244	23.9
M 校 62 人		119	195	15.1
Z 校 54 人	关爱	148	239	20.3
M 校 62 人		76	151	16.9
Z 校 54 人	学校	188	300	25.29
M 校 62 人		142	246	17.1

上述案例展现了上薗联想测评法运用于道德教育评价的有效性,也说明这一联想测评法可以在一定程度上检测、比较不同学习体在身份认同上的总体倾向。但是,上薗联想测评法要在教学实践层面得到进一步推广应用,还需要解决以下两个问题。首先是数据阐释方法的研究。虽然联想测验结果以可视化的方式呈现,令非专业评价人员的普通教师也可不同程度地从数据中发现被试集体的意识和态度状况。但是,如何能做到像上薗那样,理解每个数据的含义,从中解读丰富的信息,并根据自己的研究和教学目的对数据进行再分类处理,仍然需要专业研究人员的指导。同时教师之间、教师和研究者之间需要通过多次分享对数据的解读,并将联想测验法与其他评价方法结合,才能增强对联想数据的分析、阐释能力。

其次,联想数据处理软件还需要进行汉化,才能得到更广泛使用,并在使用过程中对其使用方法和数据分析方法进行改进,形成成熟的使用框架和程序。沈晓敏已经得到上薗授权并与专业公司合作初步研发了汉化处理软件,预计2022年向专业人士公开出版。

上薗联想测验法可以说是检测学生身份认同状况和问题、评估教学有效性的有用工具,但它不能取代其他评价方法和工具。因为它不触及深层心理,不能揭示深层问题,它揭示的是学生态度和意识的总体动态,预示可能存在的问题或问题所在,因此联想测验法可以用来为进行更有针对性的深度评价提供方向。如何将它与其他身份认同测评工具结合使用,有待进行更广泛地实验和数据对比。

(赵孟仲 沈晓敏)

第六章　道德判断能力的测评

如第三章所言,道德判断是个体对于自身或他人的行为是否符合社会道德要求的一种判断与决策。这种道德判断能力有一定的阶段性与层次性。道德判断测评涉及个体的道德认知、道德情感、道德行为等多个维度,随着道德判断能力相关理论与测评研究的深入,人们对道德判断能力的认知也在不断发展。

一、道德判断能力测评相关研究成果
(一)道德判断的能力水平理论及其衍变

最早对青少年道德判断能力进行系统研究的学者为皮亚杰。皮亚杰认为道德源自两种不同的社会经验：单向尊重与互相尊重。两种经验互相独立且不能融合。这种"对立"与"不容性"导致了皮亚杰道德发展观上坚持类型说而非阶段说。随后,皮亚杰在《儿童的道德判断》一书中界定了道德判断的不同发展水平,他界定的两个理想类型为他律型与自律型。他律型道德判断来自于对父母或其他权威者和他们所制定的规则的单向尊重,其核心为尊奉与服从。自律型道德判断来自于同伴或同辈的互相尊重和对指导其相互影响的规则的尊重,其核心为互惠与平等。在皮亚杰看来,道德判断的发展应特别强调公正,而公正最主要的成分是分配性公正,这在自律取向中可还原为平等、公道和互惠[1]。此外,皮亚杰的理论中还包含了道德水平随着年龄与经验发展的观点。这种发展观点被认为是皮亚杰道德理论的"软"阶段说。

---

[1] Piaget Jean. The moral judgment of the child[M]. Kegan Paul, Trench, Trubner & Co. Ltd. 1932: p317

科尔伯格是第一个系统提出道德判断能力发展阶段论的学者。他在做博士论文研究时,一开始沿袭了皮亚杰的类型说①。但是在研究中,他发现儿童在道德责任判断中表现出的行为与类型说产生了很大分歧。科尔伯格反思后认为,皮亚杰没有把道德视作"结构性的整体"。他把皮亚杰道德任务中被试的判断行为从道德内容和结构两方面进行区分,重视结构的评测,据此提出了自己的道德认知发展模型。在该模型中,他提出了三个可预测道德发展水平的阶段,即前习俗水平(Pre-Conventional),习俗水平(Conventional),后习俗水平(Post-Conventional)。在前习俗水平阶段,道德判断推理的前提是:必须服务于自己的需要;在习俗水平阶段,道德判断推理的基础是:必须基于法律与规章;在后习俗水平阶段,道德判断推理的基础是:每个人的价值、尊严和权利都必须维护。每个水平包含两个阶段,每个阶段又包含两个成分,即社会观点和道德内容。在该理论中,每个阶段的两个成分是相互作用的。

科尔伯格不仅继承和发展了皮亚杰关于道德判断能力培养的相关研究,还建立起聚焦儿童道德水平发展的道德教育模式,进而以道德教育领域的"科尔伯格潮流"对美国乃至世界的道德判断教育理论与实践都产生了深远的影响。但其理论也存在一些不足,如对道德判断能力的预测可能会受到被试的认知能力、性别及判断情景的影响。针对这些不足,学者们提出了一些改进性的道德判断模型与理论。比如,吉列根②(Carol Gilligan)针对女性道德感的研究提出,道德判断不仅涉及法律、规则和公正,也包含基于共情和人际责任的道德推理,这种与同情和关心他人有关的道德取向是女性道德水平发展的最重要的构成元素。特瑞尔③(Turiel E)认为道德推理包含不同领域的社会认知:道德领域和社会领域。道德领域的推理主要包括与公道和正义相关的问题,如撒谎、偷窃等;社会领域的推理主要包括人们的社交关系规则,如礼仪规范、礼貌用语等。

近年来,道德判断领域最重要的进展之一就是林德(Georg Lind)的"道德行为和

---

① Kohlberg L. The development of modes of moral thinking and choice in the years ten to sixteen [M]. Unpublished doctoral dissertation. Chicago, EL: University of Chicago, 1958.
② Carol G. In a Different Voice: Women's Conceptions of Self and of Morality [J]. Harvard Educational Review, 1977, 47(4): 481 – 517.
③ Turiel E, Killen M, Helwig C C. Morality: Its structure, functions, and vagaries [J]. The emergence of morality in young children, 1987: 155 – 243.

发展的双面理论"①。该理论超越了过往研究只关注道德判断行为的认知加工层面的局限。林德认为,道德判断行为是由相互区别而又不可分割的两个方面所组成:(1)个人对于某种道德理念或原则的情感;(2)个人根据这些理念或原则进行推理和付诸行动的能力。换句话说,道德判断行为的形成需要个体基于内心的道德原则对哪些行为是道德的进行决策的能力(道德情感),以及能够将这些判断付诸行为的能力(道德认知)。林德对相关概念进行了界定,将道德情感定义为个体的道德观念、内在价值观和道德态度;道德认知则是指个体在自主区分和整合多种道德视角的基础上,作出符合自己道德准则的理性判断。道德双面理论的提出与发展,为进一步构建系统化、生态化的测量工具提供了一定的思路。

(二) 道德判断测量方法及其发展

伴随着道德理论的不断发展,道德判断的测量手段与方法也不断得到更新与改进。皮亚杰作为研究儿童道德发展研究的先驱,提出了两种道德测量手段:临床法与对偶故事法②。

1. 临床法

临床法(又叫谈话法)主要用于研究儿童对游戏规范的意识和执行的发展情况。在该测量方法中,主试会观察儿童在玩游戏时如何创立和强化游戏规范,并向儿童提问一些设计好的问题,如"这些规范是从哪儿来的?"等。然后,主试通过分析儿童的回答,从中归纳出儿童有关规则认知与使用的阶段性特征。

2. 故事判断法

对偶故事法,皮亚杰及同事设计了包含多重道德价值内容的对偶故事,来研究儿童对过失行为、说谎和社会公正的道德推理发展。例如,实验者先向儿童讲述下面的故事:有个男孩叫亨利,家里人叫他去吃饭,他就去开餐厅的门。门背后有一把椅子,椅子上有一个放着15个杯子的托盘。亨利并不知道这些,结果推门撞倒了托盘,把15个杯子都撞碎了。另外还有一个叫亨利的男孩,有一天他母亲外出,他想

---

① Lind G. The meaning and measurement of moral competence revisited: A dual-aspect model [J]. Psicologia, Reflexão e Crítica, 2000,13(3): 399.
② 桑标. 当代儿童发展心理学[M]. 上海:上海教育出版社,2003: 404—409.

从碗橱里拿出一些果酱。果酱放得太高,他的手够不着,结果他碰翻了一个杯子,杯子掉在地上摔碎了。然后,实验者向儿童问一些问题,要求他们判断哪个男孩过失更严重并说出理由。最后,通过对儿童的答案进行分析来判断孩子的道德水平。

可以看出以上两种方法需要主试耗费大量的精力,并且要求他们具有丰富的经验。因此,该测量结果很容易受到主试的经验及提问技巧的影响。科尔伯格在皮亚杰研究的基础上结合自身的理论提出了两难故事法来评估儿童的道德推理水平。在该方法中,研究者会先和孩子讲一个典型的两难故事。如:海因茨的妻子患了绝症,生命垂危。医生认为只有一种药能救她,就是本城一个药剂师发明的镭。为制造这种药,药剂师花了200元制造镭,而这点药他索价2 000元。海因茨到处向熟人借钱,一共才借得1 000元。海因茨不得已,只好请求药剂师便宜一点卖给他,或者允许他赊欠,但药剂师坚决不同意。海因茨走投无路竟撬开商店的门,为妻子偷来了药。讲完后,主试向儿童提出一系列问题,如:海因茨应该这样做吗?为什么?法官该不该判他有罪?为什么?最后,主试根据标准的评分体系对儿童的道德推理进行评分,把评分结果采用阶段归档或计算道德分数的方法确定出儿童道德认知发展的水平[1]。

科尔伯格两难故事法使用标准化的试题与评分体系,相对于皮亚杰的道德发展测量方法更具可操作性。在评价的维度上科尔伯格两难故事法也更加精细,充分体现出了道德发展的阶段性特点。但是,与皮亚杰的方法一样,科尔伯格对儿童道德发展水平的评价基于儿童的主观报告,这种情况下的评价难免受到报告者认知能力及主试主观评价效应的影响,这种评价方式也不利于大规模测评使用。基于以上的不足,莱斯特(James Rest)提出了"限定问题测验"。

限定问题测验由两大部分组成[2]。第一部分:给被试呈现道德两难故事和相关问题。这些问题中的大部分项目是根据科尔伯格阶段论提出来的(如"海因茨偷药"的故事),还有一些是用来测谎的问题(测试被试是否真实作答)。例如,在"海因茨偷药"的

---

[1] 陈会昌,庞丽娟,申继亮,周建达.中国学前教育百科全书(心理发展卷)[M].沈阳:沈阳出版社,1994.
[2] 扶长青.詹姆斯·莱斯特限定问题测验述评[J].教育测量与评价(理论版),2009,000(005):12—15.

故事中会涉及:"法律是否应该得到维护""丈夫因爱妻子而去偷药不是很自然的吗""海因茨是不是一位职业摔跤手"等问题。这一部分包含 6 个故事("海因茨偷药""学生接管""逃犯""韦士德先生""医生的难题""报纸的故事")和 72 个问题。被试对每一个故事的评定是在一个 3 点量表("应该"、"不应该"和"不能确定")上进行的。第二部分:被试需在每个两难故事后的 12 个问题中选出 4 个,且在他自己看来是故事中的主人公在作出判断时最需要考虑的因素,分别以 4、3、2、1 计分,每个故事的计分相加为 10 分,6 个故事共 60 分。

由上可知,限定问题测验只需要被试对问题作出识别和选择,就能很好地反映个体对道德两难故事的理解,从而确定其道德判断发展水平。这一较为客观的评分标准不仅使该测验能用于纸笔形式的团体测验,而且可以实现评分的标准化,提高了测量的信度和效度。尽管限定问题测验克服了科尔伯格道德判断测量的缺点,但是,该测验仍然仅限于测量道德判断行为中的认知成分。林德认为道德判断能力是个体(基于内心的道德原则)对哪些行为是道德的而进行的决策和判断,以及能够根据这些判断付诸行为的能力。因此,他的道德判断测验(Moral Judgement Test,以下简称 MJT)涉及了道德情感与认知两方面的测量[①]。

道德判断测验创设了一个较为复杂的情境,向被试呈现道德两难问题,要求被试分别对两难问题中各论点的道德品质(非自己的观点)以及自己立场(自己的观点)作出判断。立场问题为"你赞成还是不赞成故事主人公的做法?"这与科尔伯格道德推理测量的思路是一样的,被测试者的判断得分主要反映了此人的道德态度[②],即最适宜的道德推理水平。道德品质题目为"假设有人认为主人公的做法是正确的,你认为以下赞成他们做法的论点的可接受性有多大呢?"要求被测试者在"完全不可接受(-4)到完全可接受(+4)"的 9 点范围内对不同论点一一作出选择。这一部分得分是衡量道德判断能力的指标,反映了一个人根据道德论点(而不是与自身观点一致或其他因素)对其进行判断的能力。

由此可知,道德判断测验从态度(情感)和认知两个侧面评价人们的道德判断行

---

① Lind G. The moral judgment test: comments on Villegas de Posada's critique [J]. Psychological reports, 2006,98(2): 580-584.
② 注释:MJT 的道德情感评分包含两部分得分。另一部分的评分计算方法见下文 MJT 评测部分。

为。该测量已广泛运用于各类人群,并被证明具有较好的信度与效度。我国学者对该工具进行了汉化,并证明了其有效性。

二、道德判断能力的表现标准

回顾以往道德研究及其理论可以看到,道德判断能力评价体系沿着固有的理论脉络一直在不断被更新与完善。一方面,从最早皮亚杰提出的"自律"与"他律"类型说就能看出,对道德判断能力发展进行的评测应包含以下要素:(1)道德判断能力评价能体现出发展水平的阶段性特点;(2)评价能预测被试道德水平在社会互动情景下的反思与发展;(3)评价应包括道德行为中的情感和认知机制,这两者虽有所不同,但密不可分。科尔伯格完善了皮亚杰道德发展的阶段性特点,提出了三阶段六水平道德发展评价体系。林德道德判断测验(MJT)在科尔伯格的基础上把道德发展水平评价细分为情感与认知两个方面,这种做法突出了个体道德判断行为中的情感与认知的区别性功能和特点,能更全面地评价个体的道德判断水平。班杜拉把道德两难故事引入社会学习框架,提出了相互作用理论[①],认为道德判断行为由内因与外因共同决定。外因如奖惩、惩罚等各种环境因素;内因则是信念、期望和思维等,两者互相作用,最终影响行为。该理论能较好地解释与利他、攻击行为有关的道德判断,是对道德判断行为的发展与学习状况进行的评价。

综合以上观点,一个较为完善的道德判断评价体系应该包括对个体道德情感与态度、道德认知与执行和道德学习与发展等的全面考察。并且,评价体系应该表现出具有层次性的阶段特点。结合以上要求与课程标准体系,我们提出了道德判断能力框架。其中,道德判断的态度对应于林德的道德情感概念,即个体的道德观念、内在态度;道德品质对应于林德的道德认知概念,即作出符合自己道德准则的理性判断的能力;道德判断技能,即道德自我修正、发展与学习的能力。具体的道德判断能力框架维度指标见表6-1。

---

① 桑标.当代儿童发展心理学[M].上海:上海教育出版社,2003:415—416

表6-1 道德判断能力框架

维度	指标	层级
1 对道德判断的态度	1-1 道德判断活动的态度	1-1L1 漠然：消极的态度 1-1L2 注意：受控型或选择性注意 1-1L3 兴趣：喜爱该类活动 1-1L4 参与：被要求时能够参与 1-1L5 积极参与：主动、自觉地参与
	1-2 应用道德价值标准的态度	1-2L1 依从：对用作道德判断的价值标准进行依从性的应用，即对该标准还缺乏必要的认识或屈从于压力的应用，属于他律性质 1-2L2 认同：对用作道德判断的价值标准能够自觉地、主动地进行应用。这种应用是建立在对榜样、偶像的情感趋同或必要认识的基础上，具有相对稳定性 1-2L3 信奉：对用作道德判断的价值标准能够在形成内在价值信念的基础上加以应用，具有高度的自觉性、主动性和坚定性
2 道德判断的技能	2-1 对道德判断对象的反应	2-1L1 关注：能够关心和注意道德现象或道德问题 2-1L2 识别：能够分辨生活中的道德现象与非道德现象、道德问题与非道德问题 2-1L3 回忆：能够回忆适合于道德判断任务的规范、程序、策略等
	2-2 对道德判断对象的分析	2-2L1 一般分析（适合一般道德情景） 2-2L1-1 收集信息：收集与道德判断有关现象的信息 2-2L1-2 整理资料：对相关信息资料进行整理分类 2-2L1-3 明确道德问题，对道德行为从动机和效果等方面进行分析 2-2L1-4 选用合适的价值标准对道德行为进行价值判断 2-2L1-5 验证自己的价值判断 2-2L2 综合分析（适合复杂的道德情景或有冲突的道德争论问题） 2-2L2-1 综合运用科学的道德价值标准，客观辩证地分析道德行为的动机和效果，深入了解行为者的道德处境 2-2L2-2 在充分分析参与道德争论各方的不同观点及其支撑的理由的基础上作出道德判断 2-2L2-3 同时运用多种道德原则分析对象时，能够根据具体道德境遇，从逻辑优先或经验优先上综合分析道德原则的主次序列问题，谨慎地作出价值判断
3 道德判断的品质		3-1 道德感知的敏锐性：对道德现象感知敏锐，能够迅速引起注意，捕捉住道德判断的对象。分三个层级：

续 表

维度	指标	层级
		3-1L1 漠然 3-1L2 较敏锐 3-1L3 敏锐 3-2 道德分析的辩证性：能够辩证地分析制约道德判断的诸因素。分三个层级： 3-2L1 片面 3-2L2 较辩证 3-2L3 辩证 3-3 道德推理的严谨性：道德判断的推理过程能做到前提真实，符合逻辑规则。分三个层级： 3-3L1 逻辑性差 3-3L2 逻辑性较强 3-3L3 逻辑性强 3-4 道德结论的科学性：道德判断的结论符合实际，经得住实践的检验。分三个层级： 3-4L1 科学性差 3-4L2 科学性较强 3-4L3 科学性强 3-5 道德见解的深刻性：能够努力挖掘隐藏在道德现象背后的东西，使道德判断的见解不停留在一般层面。分三个层级： 3-5L1 肤浅 3-5L2 较深刻 3-5L3 深刻

三、当代道德判断能力的测量工具与新思路

(一) 道德判断测验(MJT)

在道德判断水平测量研究中，最常用的测量工具是以故事为载体，通过分析被试所选择的道德判断行为及其原因测评个体的道德发展水平。这种测量方式始于皮亚杰的"对偶故事"，后续科尔伯格的"两难故事"和莱斯特的"限定问题测验"，再到林德的"道德判断测验"都沿用了这一方式。林德的道德判断测验(MJT)是当代被广泛使用的道德测量工具。

标准版本的 MJT 从科尔伯格的两难故事中选取了两则故事："工人风波"和"医生的困境"[①]，根据故事提出了 26 个问题或观点供被试选择。

---

① 何蔚祺,罗文波.林德道德判断测验述评[J].上海教育科研,2007,000(005)：40—43.

(1) 工人风波：某个工厂里的一些工人被解雇了，但是他们都觉得原因不明不白。工人们怀疑经理用摄像机非法监视他们的活动，但是经理坚决否认这一指控。只有在证据确凿的情况下，工会才可以采取有效措施对付经理的不法行为。于是两个工人撬开经理的办公室，偷走了作为证据的录像带。

(2) 医生的困境：一个妇女患了癌症而且没有任何治愈的希望，她非常痛苦而且虚弱到大剂量的止痛药也足以使她丧命。当她稍微有点力气的时候，她请求医生给她剂量足以致命的止痛药。她说她再也忍受不了病痛的折磨了，反正无论如何都是会死掉的。医生满足了她的心愿。

故事后面紧跟着以下的问题："你赞成还是不赞成工人（医生）的做法？"要求被试在"我完全不赞成（-4）到我完全赞成（+4）"的 9 点范围内作出选择。接下来在每个故事后面又会呈现 12 个正反论点，其中 6 个代表正面论点，向被试提问："假设有人认为工人（医生）的做法是正确的，你认为以下赞成他们做法的论点的可接受性有多大呢？"要求被试在"完全不可接受（-4）到完全可接受（+4）"的 9 点范围内对 6 个正面论点一一作出选择；另外 6 个代表反面论点，问题是："假设有人认为工人（医生）的做法是错误的，你认为以下反对他们做法的论点的可接受性有多大呢？"同样要求被试在 9 点范围内对这 6 个反面论点作出判断。所有测评问题见本章附录 1。

主试根据"赞不赞成工人（医生）的做法"的回答计算出个体在科尔伯格道德推理 6 水平中每一个水平上的态度得分，根据后面 12 题的选择计算出 C（competence 的缩写）分数，即道德判断认知能力分。该分反映了一个人基于论点的道德判断能力，而非其自身道德观点判断。

表 6-2　MJT 评价纬度与道德判断能力框架的关联

MJT 评价维度 道德情感 （6 阶段）	评分计算公式 某个阶段得分越高说明被试对该阶段的道德标准偏好越强	道德判断能力 指标关联	备注
阶段 1：服从与惩罚	阶段 1＝工 2＋工 13＋医 5＋医 11	1-1L1、1-2L1	1 道德判断的态度 （对应编码参见表 5-1）
阶段 2：相对功利	阶段 2＝工 6＋工 10＋医 4＋医 12	1-1L2、1-2L1	
阶段 3：寻求认可	阶段 3＝工 4＋工 12＋医 7＋医 8	1-1L2、1-2L1	
阶段 4：维护权威或秩序	阶段 4＝工 3＋工 8＋医 6＋医 13	1-1L3、1-2L2	

续 表

MJT评价维度 道德情感（6阶段）	评分计算公式 某个阶段得分越高说明被试对该阶段的道德标准偏好越强	道德判断能力指标关联	备注
阶段5：社会契约	阶段5＝工7＋工11＋医3＋医9	1－1L5、1－2L2	
阶段6：普遍原则	阶段6＝工5＋工9＋医2＋医10	1－1L5、1－2L3	
道德认知 简称C分数，C分数的范围在1—100之间。根据C分数可以被划分成以下几个等级：1—9分是较低水平；10—29分是中等水平；30—49分是较高水平；50分以上是非常高水平。	第一步： $SS\_M=(工2+工3+\cdots+医12+医13)^2/24$. $SS\_T=(工2)^2+(工3)^2+\cdots+(医\_12)^2+(医\_13)^2$. $SS\_D=SS\_T-SS\_M$ 第二步： $SS\_S1=(阶段1)^2/4$ $SS\_S2=(阶段2)^2/4$ ... $SS\_S6=(阶段6)^2/4$ $SS\_SS=(SS\_S1+SS\_S2+\cdots SS\_S6)-SS\_M$ 第三步 $r^2\_SS=SS\_SS/SS\_D$ C分数＝$r^2\_SS\times100$	以实际C分数得分对应等级： 1—9分为无等级 10—29分为L1 30—49分为L2 50以上为L3	3 道德判断的品质： 3－1 道德感知的敏锐性 3－2 道德分析的辩证性 3－3 道德推理的严谨性 3－4 道德结论的科学性 3－5 道德见解的深刻性 （对应编码参见表5－1）

注：工指"工人风波"中的题目；医指"医生的困境"中的题目。

由于该测验能全面评价个体道德水平，且具有评分标准化和测量相对易操作的特点，受到学者们的青睐。有国内学者对MJT的中文版进行了修订，并通过施测证明了MJT在中国被试身上的有效性。但是，该类型（两难故事）测验也存在一定的不足。比如，测验所使用的道德故事场景是简略的标准化场景，与实际的复杂场景存在差异，会导致某些个体在特定情境下表现出非能力相关的道德判断水平，这主要是练习效应带来的影响。

（二）SOLO层次分类法

SOLO是"可观察到的学习成效的结构"（Structure of the Observed Learning Outcome）的英文简写[1]。SOLO层次分类理论不仅关注学习数量更关注学习质量，SOLO分类法既能评测出学生掌握了多少知识（主要指标为应答结构），又能测评出学

---

[1] 彼格斯，科利斯.学习质量评价（SOLO分类理论）可观察的学习成果结构[M].北京：人民教育出版社，2010：295.

生对该问题回答的思维层次(主要指标为思维操作和一致性与收敛维度)①。而后者正是 SOLO 分类法区别于 MJT 的重要特征,即 MJT 较为简易化地应用两难情境测量而得出对被试的整体性道德评价,而 SOLO 分类法更为关注学生道德判断中的思维发展。五个层次水平的区分如下:

1. 前结构层次:学习者被情境中无关的方面所迷惑或误导,无法获得所需要的相关知识,不能以试题中所要求的方式处理任务。

2. 单点结构层次:学生能够关注主题或问题,但只抓住试题情境中某个相关的线索或资料,就立即跳到结论上去。答题的行为特征表现为:虽然能获得情境中的简单信息,但忽视情境和设问中隐含的其他要求,只能简单地理解问题,并运用相关的简单知识加以说明。

3. 多点结构层次:学生能在情境材料中获得两个或两个以上线索或信息,却不能觉察到这些线索或资料之间的联系,无法整合信息以解决相关问题。答题的行为特征表现为:学生找到很多正确的相关特征,能将情境中多个事件联系起来,但却缺乏有机整合的能力,无法形成相关问题的知识网络。

4. 关联结构层次:学生能够使用所有可获得的线索或资料,并能正确地将相关知识纳入总体的联系框架中,在此过程中能保持问题解决结构的内在一致性。答题的行为特征表现为:能够从整体上把握试题的要求,并将情境材料中各种相关信息整合成有机整体;能够根据要求联系相关事实来回答或解决较为复杂的具体问题;答题能够补充推理过程中缺少的相关元素。

5. 拓展抽象结构层次:在关联结构层次上进一步进行抽象概括,解决问题的方法和结果具有开放性,拓展问题本身更具有深层次的意义,它表明了学生有更强的钻研精神和创造意识。答题的行为特征表现为:能使用试题提供的材料以外的资料和更抽象的知识;在归纳概括问题中将抽象的知识和具体的事实进行整合;结论具有开放性和抽象性。

SOLO 理论可以作为框架要素应用于评分体系从而揭示出学生的不同思维能力水平。运用 SOLO 来评价学生面临不同道德情景(场景故事)的表现,也许可以更好地

---

① 吴有昌. SOLO 分类法在数学教学评价中的应用[J]. 中学数学教学,2011(04):18—20.

剥离出特定道德测量场景的影响,真实检验学生的道德判断能力水平。因此,我们结合 SOLO 理论,同时沿用故事法,来确立道德判断能力的水平。SOLO 层次分类法不仅可以用于设计测验,同时也可用于针对道德判断故事情境中被试应答表现的评分标准的制定。下面简要介绍 SOLO 层次理论,以及道德故事结合 SOLO 层次分类法在道德判断能力测评中的应用案例。

材料一:某市一位学生搀扶老人却反遭讹诈,幸好监控还他清白。

这位学生说,他在放学回家路上看到一位手拄拐杖的老奶奶在人行道上摔倒了,他没想太多就上前将她扶起。然而这位老奶奶竟然抓住他不放,说是他碰到她的拐杖才摔倒的,要求学生给钱买药,后来老人甚至要求十万元的赔偿。无奈之下,他选择了报警,幸好附近有监控录像,发现老人和他没有接触,证明了他的清白。这位学生勇于助人的行为得到了学校和社会的认可和表扬,然而却被父母训斥了一顿。老奶奶在民警的教育下表达了愧疚和歉意,她表示当时她摔倒在地,想到治疗可能需要付一大笔医药费,为她本来就不太富裕的家庭带来很大的负担,一时糊涂动了错误的念头。

材料二:某市一位八旬老人摔倒在人行道上倒地半小时,生命在围观中流逝。

目击者陈师傅说,这位白发苍苍的老人在人行道上走,突然就脸朝下扑倒在地上。这时,附近有五六个路人驻足围观,但却没人敢上前搀扶。有两名年轻女子想要将其搀扶起来,"女孩子还是不要扶,这种事情说不清楚呀。"围观人群中突然冒出这句话。两个女孩思量了许久,最终把手缩回去了。老人呼吸困难,当医护人员赶到后,老人已经去世了。有人感慨,无人敢扶的世界是一个悲哀的世界,大家都怕担责任,遇到这样的事情就躲得远远的,只做围观者而不做行动者。

请回答以下问题:

1. 当你遇见一位老人摔倒在地,你会上前搀扶吗?为什么?
2. 面对"无人敢扶"的难题,你有什么好办法?

可以看到,基于 SOLO 理念开发的本书试题与林德的道德判断测验(MJT)具有明显的区别性。首先,SOLO 法更关注总体的道德判断行为,把道德认知与态度重新融合在一起,运用了主观报告的形式,具有更大的开放性,给予被试更宽广的思考空间,这是对科尔伯格的理念的一种回归。这种方法能更全面地评价个体的道德观,而非限制在某个框架下。这种设计可能克服以往两难试题偏重规则和公正,对共情心和

表6-3 基于SOLO层次分类理论的道德判断能力测试评分标准

问题考察维度	SOLO水平	回答表现样例	指标及评分	总分
当你遇见一位老人摔倒在地，你会上前搀扶吗？为什么？考察维度：道德态度及品质	前结构	我不会去扶。（做出选择，但没能解释理由）	1-1L1,1-2L1,3-3L1,3-4L1,3-5L1	6
	单点结构	我选择去扶。（做出选择，并阐述一个理由，言之有理即可）	1-1L2,3-1L2,3-2L1,3-3L1,3-4L1,3-5L1	8
		我不会去扶，因为搀扶老人可能会有被讹诈的风险。（做出选择，并阐述一个理由，言之有理即可）	1-1L1,1-2L2,3-1L1,3-2L1,3-4L1,3-5L1	8
	多点结构	我选择去扶，因为生命是宝贵的，当他人处于危难之中，当他人处于危难之中，我们要施以援手。	1-1L2,3-1L2,3-2L2,3-3L1,3-4L1,3-5L1	15
		我不会去扶，因为搀扶老人可能会有被讹诈的风险。另外，我还没掌握足够的急救知识，搀扶他未必能够帮助他。（做出选择，给出多个理由，言之有理即可）	1-1L1,1-2L1,2-2L1,2-2L1,3-4L2,3-5L1	12
	关联结构	我选择去扶，因为生命是宝贵的，当他人处于危难之中，我们要施以援手。当我或者我的家人遇到危险时，我也希望他人能予以帮助，问况且救助他而被讹助的情况毕竟是少数。	1-1L5,1-2L3,3-1L3,3-2L2,2L2,3-3L2,3-4L2,3-5L2	21
		我承认生命是宝贵的，我要尽力帮助处于危难中的人。只有这样扶老人的道德水平才会提高，人与人之间才会心存善意。但是搀扶老人可能会给家庭造成伤害，而且如果被索赔巨额的医药费，我父母可能难以承担。另外，我还没掌握足够的急救知识，在不了解伤情的情况下盲目挪动，可能会对老人造成二次伤害。因此，我不会去扶，但是会拨打报警电话求助。（能够分析扶与不扶可能带来的后果，给出了多个理由，在综合考虑后做出选择，并且提到可能采取替代性的应对措施）	1-1L5,1-2L3,2-1L2,2-1L2-2,3-1L3,3-2L2,3-3L3,3-4L3,3-5L3	20
		我选择去扶。因为生命是宝贵的，当他人处于危难之中，我们要施以援手。当我或者我的家人遇到危险时，我也希望他人能予以帮助。尽管搀扶老人会有被讹诈的风险，但如果我们都选择袖手旁观的话，社	1-1L5,3-2L3,3-1L3,3-2L2,3-3L3,3-4L3,3-5L3	28

续 表

问题考察维度	SOLO水平	回答表现样例	指标及评分	总分
	拓展抽象结构	会就会变得冷漠无情,这也是将我们自己置于无人帮助的危险境地中。不过,我会搀扶老人之前会附意有没有监控或愿意作证的人。我选择去扶。因为生命宝贵的,当他人遇到危险,我们予以帮助,援手;当我或者我的家人遇到危险时,我也希望他人会予以帮助。从道德的义务论可以认为,我们不希望冷漠无情成为一种社会常态,同时也能成为普遍规律的准则"如果将帮助他人视为一种普遍规律的准则,那么在任何情况下都应该去行动",如果将帮助他人视为一种普遍规律的准则。搀扶老人有被讹化的风险,但这不会影响我们该遵守这一准则。搀扶老人的信念。在这个前提之下,我们才会去考虑如何预防和应对被讹化的情况,比如在搀扶老人之前会留意附近有没有监控或愿意作证的人。(能够分析扶与不扶可能带来的后果,给出了多个理由,在综合考虑后做出选择,并且提到会采取替代性的应对措施,而且能够联系伦理原则和假设,或者举例子论证自己的观点)	1—1L5,1—2L1,3—1L1,3—2L1,3—1L1,3—1L1,3—2L1,3—4L1,3—5L1	29
面对"无人敢扶"的难题,你有什么好办法?考察维度:道德技能及维度,特别是道德行为执行的能力方面	前结构	这种现状很难改变。(没有提出解决方法,认为对社会现状无法改变)	1—1L2,1—2L2,2—1L2,3—1L1,3—2L1,3—4L1,3—5L1	7
	单点结构	在搀扶老人之前录下视频,法院应该重罚那些被讹诈者的行为。(提出一种解决方式)	1—1L2,1—2L2,2—1L2,2—1L2,3—1L1,3—4L1,3—5L1	13
	多点结构	在搀扶老人之前录下视频,或者多人一起搀扶,这样就不怕被讹诈了。法律和司法部门要保障助人者的利益,对讹诈行为予以惩罚。(提出多种解决方法)	1—1L5,1—2L2,2—1L2,2—1L2,3—2L1,3—2L2,3—4L2,3—5L2	22
	关联结构	从个人的角度看,我们在扶老人之前可以做一些预防化诈的措施,比如录下视频,或者询问并录音,或者如果老人情况有很多人,可以一起上去帮助老人。从法律的角度看,法律要保障助人者的利益,	1—1L5,1—2L3,2—1L3,3—1L2,3—2L2,3—3L3,3—4L3,3—5L3	27

续 表

问题考察维度	SOLO水平	回答表现样例	指标及评分	总分
	拓展抽象结构	在没有确凿证据的时候要避免针对助人者的有罪推定，同时要对讹诈者予以惩罚。从社会的角度看，我们要健全社会保障制度，让老人不用担心付不起医药费。新闻媒体等还应该多报道救助人者的事例，让人们认识到救人被讹诈的情况毕竟是少数，重建社会信任。（以结构化的方式提出多种解决方法）		
		从个人的角度看，我们之所以不愿意去扶老人，是因为扶老人的风险可能远超出了我们所能承受的范围，但实际上有很多方法可以降低这种风险，比如录下视频，或者询问老人情况，或者如果有很多现场的人一起上去帮助老人。从法律的角度看，过去很多判决有失公允，这导致很多倾向于息事宁人、采取"和稀泥"态度，导致改变这种情况，法律要保障助人者的利益。在没有确凿证据的时候要避免针对助人者的有罪推定，同时要对讹诈者予以惩罚。从社会的角度看，家庭养老模式仍是当今社会的主流，老人们大多不能享受很好的社会医疗保障又不愿意给儿女造成过重负担，让老人不为医疗费用发愁，如果我们要健全社会保障制度、降低看病的费用，就会减少人与人之间的信任也会重新建立。新闻媒体等还应该多报道救人的事例，让人们认识到救人被讹诈的情况毕竟是少数，并在此基础上提出多角度分析问题的症结所在，并在此基础上提出多种解决方法。（从多个视角分析问题并给出多种解决方法）	1－1L5，1－2L3，2－1L3，2－2L2－3，3－1L3，3－2L3，3－3L3，3－4L3，3－5L3	28

注：1. 对应编码参见表 5－1。
2. 基于 SOLO 层次分类理论的道德判断能力测评评分标准说明：各维度水平 1（L1）赋 1 分，水平 2（L2）赋 2 分，依次类推，最后计算总分。

人际责任的道德推理关注不够的问题。另外,该方法也能更好地理解具有不同道德经验的个体所具有的特定道德观。值得注意的是,因为运用了 SOLO 设计理念,本书的试题与科尔伯格的两难故事测评法相比具有更标准化、易操作的评分体系。

另外,本书试题涉及道德行为技能的考察,即个体是否具有执行道德行为的经验与能力。笔者认为道德行为执行经验与能力是个体总体道德判断能力的组成部分。因此,该设计是对以往道德判断测验(比如 MJT)的补充,能更全面地反映个体的道德行为水平。

当然,依据 SOLO 理念开发的道德判断力测试题虽弥补了 MJT 的部分不足,但不能涵盖价值-道德判断能力的所有测评指标,比如试题样例没有办法很好地评测出被试的道德推理的严谨性及科学性。因此,未来需要学者们进一步开发更有效的道德判断能力测评工具。

(张　婷)

附录1：

MJT工厂风波问题测试

1. 你认为自己做的对吗？（绝对错误－4－3－2－101234绝对正确）

2. 假设某个人认为这两个工人做得对，你在多大程度上同意他以下的看法？（绝对不同意－4－3－2－101234绝对同意）

（1）因为他们没有给工厂带来多少损失。

（2）因为工厂经理漠视法律，为了维护法律的尊严，这两个工人可以这么做。

（3）因为大多数工人支持他们的行为，而且许多人会很高兴他们这么做。

（4）因为人与人之间的相互信赖，以及员工的个人尊严，比工厂的法规更重要。

（5）因为在工厂经理先违法情况下，两个工人破门而入的行为是正当的。

（6）因为这两个工人找不到揭露工厂经理不法行为的合法途径，因而选择了他们认为不是太坏的做法。

假设某个人认为这两个工人做得不对，你在多大程度上同意他以下的看法？（绝对不同意 绝对同意）

（7）因为如果每个人都像这两个工人这么做，法律的尊严和社会的秩序将受到威胁。

（8）因为财产所有权是人的最基本的权力之一，任何人都不能把法律玩弄于股掌之间、随意践踏，除非有更普遍的道德原则的允许。

（9）因为为了他人而冒被公司解雇的风险是不明智的。

（10）因为这两个工人应该寻找合法的途径，而不应该做这么严重违反法律的事情。

（11）因为如果想被看作是一个诚实正派的人，他就不能偷窃。

（12）因为解雇别人与自己无关，他们没有理由去偷录像带。

MJT医生困境问题

1. 你认为医生做得对吗？（绝对错误－4－3－2－101234绝对正确）

2. 假设某个人认为医生做得对，你在多大程度上同意他以下的看法？（绝对不同

意－4－3－2－1 0 1 2 3 4 绝对同意)

(1) 因为这个医生是按照自己的良心做事的。这个妇女的特殊情况并不违背医生延长病人生命的义务。

(2) 因为只有医生才能够完成这个妇女的心愿,医生是为了满足她的心愿才这样做的。

(3) 因为医生只是做了这个妇女让她做的事。他不必担心有什么令人不快的后果。

(4) 因为这个妇女的病无论如何都不能治愈,多给她开些止痛药也费不了什么事。

(5) 因为这个医生没有真正地违反法律。没有人可以挽救她的生命,他只是想缩短她痛苦的时间。

(6) 因为大多数医生在这种情况下也会这样做的。

假设某个人认为这医生做得不对,你在多大程度上同意他以下的看法?(绝对不同意　绝对同意)

(7) 因为他这样做和同事们的意见不同。如果同事们反对安乐死,他就不应该这样做。

(8) 因为救死扶伤、延长病人的生命是医生的天职,病人病痛缠身、病入膏肓不是免责的理由。

(9) 因为保护生命是每一个人的最高道德义务。我们没有明确的道德标准来区分是安乐死还是谋杀。

(10) 因为这个医生会因此而惹上麻烦。有的医生因为这样做已经受到了处罚。

(11) 因为如果他等着而不去干涉这个妇女的死亡过程,这件事对他来讲就容易多了。

(12) 因为这个医生违反了法律。如果他认为安乐死是不合法的,他就不应该答应病人的要求。

第七章 冲突解决能力的测评

从第四章对冲突解决能力的探讨可以看出,冲突解决不仅需要了解冲突的相关知识、应对冲突的相关技能,树立非暴力、建设性解决冲突的态度和价值观念,甚至还要求学生运用高阶思维(如批判性思维能力、创造性思维能力等)处理争议。可以说,冲突解决能力本身就是复杂且综合的能力群。开发一种可以完整测量一个人的冲突解决能力群的工具,绝非易事。

冲突解决能力构成要素多样且复杂,难以进行综合测量,对冲突解决能力的评估只能通过其中一个或几个要素进行,这一方面的研究在国外心理学、社会学以及管理学领域一直备受关注,且成果丰硕。国内对于冲突解决能力的关注主要集中在心理学的实证研究领域,且使用的测评工具大都来自国外研究。因此这一章主要集中对国外冲突能力测评研究的梳理和介绍,主要内容包括两个方面:冲突解决能力的一般测评和用于中小学生冲突解决能力测评。以期在对国外冲突解决能力测评全面考察的同时,更有针对性地关照中小学教育领域的测评研究,进而为国内冲突解决能力测评带来启示。

一、国外冲突解决能力一般测量

国际上关于冲突解决能力测评从不同角度(例如冲突风格、人际沟通方式、行动策略选择等)对个体的冲突解决能力、偏好进行评估,功能各异、形式多样,所使用的测评工具有问卷调查、量表评分,以及基于情境模拟的访谈等。

(一) 托马斯-基尔曼冲突风格测量工具(TKI)

在国内冲突能力测评工具里,使用最为广泛的是托马斯-基尔曼冲突风格工具(Thomas-Kilmann Conflict Mode Instrument,简称 TKI)。肯尼斯·托马斯(Kenneth W. Thomas)和拉尔夫·基尔曼(Ralph H. Kilmann)于 1974 年开发了托马斯-基尔曼(Thomas-Kilmann)冲突风格工具。这一工具以沟通者潜在意向为基础,认为冲突发生后,参与者有两种可能的策略可供选择:关心自己和关心他人。其中,以"关心自己"为纵坐标,表示在追求个人利益过程中的果断程度;以"关心他人"为横坐标,表示在追求个人利益过程中与他人合作的倾向程度,以此构建了冲突行为的二维空间(见图 7-1),进而确定了五种不同的冲突解决风格:竞争、合作、妥协、迁就和回避。①

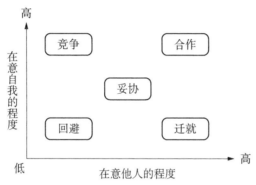

图 7-1 托马斯-基尔曼五种冲突风格

竞争代表着坚持己见,是一种自信和不合作的权力倾向模式。竞争风格对关系的在意度较低。在竞争中,一个人以牺牲他人为代价来追求自己的利益,使用任何似乎合适的手段来赢得自己的地位。

回避意味着否定冲突的存在或从冲突处理中退出,对关系的在意度很低,是缺乏自信的表现。回避有各种动机,没有意愿或无力应付当时的冲突,就像谚语中描述的那样,只能如"缩头的乌龟",或像鸵鸟一样"把头埋在沙子里"。

合作是指共同努力,寻求双方都满意的解决手段。冲突的合作风格反映了同时兼

---

① 威廉·W·威尔莫特和乔伊斯·霍克.人际冲突——构成和解决(第七版)[M].曾敏昊,刘宇耕译.上海:上海社会科学院出版社,2011:138—145.

顾自己的目标和他人目标的一种高级方式。当个体试图与对方合作时,双方竭尽全力深入研究以确定双方潜在的利益,并找到满足双方利益的替代方案,最终创造性地解决人际关系。

迁就与竞争相反,表现出不自信和合作倾向。迁就意味着为了取悦其他人撇开自己的需求。迁就在意关系的维系。迁就风格会做任何对方想要其做的事。从某种意义上说,将权力主动交给对方,这种模式有自我牺牲的元素。

妥协是果断和合作的中间产物。妥协的冲突风格体现了对双方意见的折中考虑,目标是找到一个权宜之计,双方都能接受的解决方案,部分满足双方。当问题真的被限定时,"都让一步"是一种合理的方法,特别是当双方都拥有大致相同的权力时。然而有时候,急于妥协也会限制更多创造性解决方法的出现,导致"双输"。

TKI提供了30对、共60条对行为反应的陈述。在这些陈述中,被测试者选出的A/B陈述均与理论模型的五种风格(冲突处理模式)中的某一种相关:竞争、合作、妥协、回避和迁就。然后按照五种策略类型进行分数的计算,最终确定一个人的冲突风格倾向。

托马斯-基尔曼冲突模式问卷

请想象一下你的观点与另一个人的观点产生分歧的情景。在此情况下你通常做出怎样的反应?下列30对陈述描写了可能出现的行为反应,在每一对陈述句中,请在最恰当地描述了你自己行为特点的字母"A"或"B"上划圈。(在很多情况下,A和B都不能典型地体现你的行为特点,但请尽可能选择发生在你身上的反应)

1. A 有时我让其他人承担解决问题的责任
   B 与其讨论分歧之处,我试图强调我们的共同之处
2. A 我试图找到一个妥协性解决方法
   B 我试图考虑到我与对方所关心的所有方面
3. A 我通常坚定地追求自己的目标
   B 我可能尝试缓和对方的情感来保持我们的关系

4. A 我试图找到一个折中的解决方法
   B 我有时牺牲自己的意志,而成全他人的愿望

5. A 在制定解决方案时,我总是求得对方的协助
   B 为避免不利的紧张状态,我做一些必要的努力

6. A 我努力避免给自己造成不愉快
   B 我努力使自己的立场获胜

7. A 我试图推迟对问题的处理,使自己有时间考虑
   B 我放弃某些目标作为交换以获得其他东西

8. A 我通常坚定地追求自己的目标
   B 我试图将问题的所有方面尽快摆在桌面上

9. A 感到意见分歧并不总是令人担心
   B 为达到我的目的,我做一些努力

10. A 我坚定地追求自己的目标
    B 我试图找到一个妥协方案

11. A 我试图将问题的所有方面尽快摆到桌面上
    B 我可能努力缓和他人的情感从而维持我们的关系

12. A 我有时避免选择可能产生矛盾的立场
    B 如果对方做一些妥协,我也将有所妥协

13. A 我采取折中的方案
    B 我极力阐明自己的观点

14. A 我告知对方我的观点,询问他的观点
    B 我试图将自己立场的逻辑和利益显示给对方

15. A 我可能试图缓和他人的情感从而维持我们的关系
    B 为避免紧张状态,我做一些必要的努力

16. A 我试图不伤害他人的感情
    B 我试图劝说对方接受我的观点的长处

17. A 我通常坚定地追求自己的目标

    B 为避免不利的紧张状态,我做一些必要的努力

18. A 如能使对方愉快,我可能让对方保留其观点

    B 如对方有所妥协,我也将做一些妥协

19. A 我试图将问题的所有方面尽快摆在桌面上

    B 我试图推迟对问题的处理,使自己有时间做一番考虑

20. A 我试图立即对分歧之处进行协调

    B 我试图为我们双方找到一个公平的得失组合

21. A 在进行谈判调解时,我试图考虑到对方的愿望

    B 我总是倾向于对问题进行直接商讨

22. A 我试图找到一个介于我与对方之间的位置

    B 我极力主张自己的愿望

23. A 我经常尽量满足我们双方所有的愿望

    B 有时我让他人承担解决问题的责任

24. A 如果对方观点似乎对其十分重要,我会试图满足他(她)的愿望

    B 我试图使对方妥协以解决问题

25. A 我试图将自己立场的逻辑和利益显示给对方

    B 在进行谈判调解时,我试图考虑到对方的愿望

26. A 我采取折中的方案

    B 我几乎总是关心满足我们所有的愿望

27. A 我有时避免采取可能产生矛盾的姿态

    B 如能使对方愉快,我可能让对方保留其观点

28. A 我通常坚定地追求自己的目标

    B 在找出解决方案时,我通常求得对方的帮助

29. A 我采取折中方式

    B 我觉得分歧之处并不是总值得令人担心

30. A 我试图不伤害对方的情感
    B 我总是与对方共同承担解决问题的责任

表7-1 托马斯-基尔曼冲突方式测试评分表

	竞争（强制）	合作（解决问题）	妥协（共同分担）	回避（退缩）	迁就（顺从）
1				A	B
2		B	A		
3	A				B
4			A		B
5		A		B	
6	B			A	
7			B	A	
8	A	B			
9	B			A	
10	A		B		
11		A			B
12			B	A	
13	B		A		
14	B	A			
15				B	A
16	B				A
17	A			B	
18			B		A
19		A		B	
20		A	B		
21		B			A
22	B		A		

续　表

	竞争 (强制)	合作 (解决问题)	妥协 (共同分担)	回避 (退缩)	迁就 (顺从)
23		A		B	
24			B		A
25	A				B
26		B	A		
27				A	B
28	A	B			
29			A	B	
30		B			A
统计每一列中被划圈的字母总数					
	竞争 (强制)	合作 (解决问题)	妥协 (共同分担)	回避 (退缩)	迁就 (顺从)
分数					

(二) 普特南-威尔逊组织冲突沟通测量工具(OCCI)

琳达·普特南(Linda L. Putnam)和史蒂文·威尔逊(Steven R. Wilson)针对早期仅沿着两个维度排列冲突风格的工具给予了批评。他们认为,这类工具通常"几乎没有提供关于定义、制定和管理冲突的具体交际行为的信息,也没有将冲突置于具体的目标、问题或更大的组织情境下"。仅凭"风格"并不足以说明冲突策略的选择,因为策略是与主题、目标相适应的。这种简单的管理风格工具掩盖了情境对于人们策略以及技能的选择,"只有关于冲突管理行为的粗浅见解"。[①]

因此,针对之前的冲突工具在概念和方法上的弱点,普特南和威尔逊提出了组织冲突沟通工具(the Organizational Conflict Communication Instrument,简称 OCCI),来评估各种组织环境下冲突管理中的言语和非言语交际选择。其目的在于摆脱冲突风格的方法,将重点放在沟通行为和人际策略上。

---

① Wilson S R, Waltman M S. Assessing the Putnam-Wilson organizational communication conflict instrument (OCCI) [J]. Management communication quarterly. 1988,1(3): 367-388.

组织冲突沟通工具区分了三种冲突解决策略。①(1)非对抗策略：避免冲突或问题,通过避免分歧或淡化争议和回避不稳定的问题来间接地处理冲突;(2)解决方案导向策略：通过寻找创造性的、综合性的解决方案和做出妥协来管理冲突;(3)控制策略：通过坚持争论自己的立场和使用非语言信息来管理冲突。

该工具包括30条陈述,其中关于非对抗的陈述12项,解决方案导向的策略陈述11项,控制策略7项。计分方式采用的是李克特式7点计分,使用1="总是"和7="从不"对回答进行评分。因此,分数低表明参与该行为的频率高。

想想你在特定的任务情况下与你的直接上司所遇到的分歧,然后在下面说明你参与每一种行为的频率。为每一项选择表示您最可能显示的行为的数字,没有对错答案。请回答量表上的所有陈述。见表7-2。

表7-2 组织沟通冲突测量量表(Organizational Communication Conflict Instrument, OCCI)②

CI	1	我将调和我和我上司的想法,创造出新的解决分歧的方案	1	2	3	4	5	6	7
N	2	我回避那些会引起我和上司争论的话题							
Co	3	在与上司的意见相左时,我会让他们知道我的意见							
CI	4	我会提出一个能综合各种不同观点的解决方案							
N	5	我会避开不愉快的情况							
Cm	6	当我的上司也做出让步时,我就会稍稍让步一点。							
N	7	当我怀疑我的上司想要讨论不同意见时,我会避开他或她							
CI	8	我把与上司发生争执时提出的问题整合成一个新的解决方案							
Cm	9	我将和我的上司各退一步达成和解							
Co	10	当我试图让我的上司接受我的立场时,会提高我的声音							
CI	11	我在讨论不同意见时提供创造性的解决方案							

---

① Deen M Y. Differences in the solution-oriented conflict style of selected groups of 4 - H youth development volunteer leaders [D]. Moscow: University of Idaho, 1997: 18 - 20.
② Wilson S R, Waltman M S. Assessing the Putnam-Wilson organizational communication conflict instrument (OCCI)[J]. Management communication quarterly, 1988,1(3): 367 - 388.

续 表

N	12	为了避免分歧,我对自己的观点保持沉默						
Cm	13	如果我的上司能对我让步,我就让步						
N	14	我淡化分歧的重要性						
N	15	我通过使分歧看起来无关紧要的方法来减少分歧						
Cm	16	我和我的上司折中解决分歧						
Co	17	我坚决地坚持我的意见						
Co	18	我主导争论,直到我的上司站在我的立场						
Cl	19	我建议我们一起创造解决分歧的办法						
Cl	20	我试着用我上司的想法来制定解决方案						
Cm	21	我在不同意的情况下提供折中的解决方案						
Co	22	我坚持我的立场						
N	23	当上司跟我讨论有争议的问题时,我就退缩						
N	24	分歧出现时,我尽量回避						
N	25	我试图通过使分歧显得无关紧要的方法来缓和分歧						
Co	26	在与上司意见不合时,坚持让其接受我的立场						
N	27	我让我们的差异看起来不那么严重						
N	28	我宁愿保持沉默,也不愿和上司争论						
N	29	我通过宣称我们之间的分歧微不足道来缓解冲突						
Co	30	在与上司发生分歧时,我会坚定地表达自己的观点						

冲突策略:N=不抵抗;Cl=合作;Cm=妥协;Cl+Cm=解决倾向;Co=控制。

表7-3 组织沟通冲突测量量表回答

1	2	3	4	5	6	7
总是	几乎总是	经常	偶尔	很少	极少	从不

另外,该测评工具还附加了四种假设的冲突情境文本,旨在评估特定情境下的冲突策略。通过对组织中产生冲突的问题进行采访,让受访者假想出解决方法。

四种假设的冲突情境文本

情境一：宿舍助理

想象一下，你是宿舍的宿舍助理，你看到很多学生在你负责的这一楼层公开讨论吸食可卡因的经历。你反对这样的尝试，因为你觉得可卡因很危险，这在大学里影响会很恶劣。此外，这是违法行为，明显违反了宿舍/大学政策。

情境二：经理办公室

假设你被聘为经理办公室助理。经理经常让你负责办公室工作，你对此非常高兴，因为这表明领导对自己的能力很认可。这个时候你有一个很要好的朋友也在这家公司上班。他/她的工作大多数时候是令人满意的，但他/她经常在你不知道的情况下迟到5到10分钟。你知道其他员工已经注意到他/她迟到的问题了。

情境三：小组项目

作为一名大学在校生，你必须完成一个小组项目，它的分量很重，学分占到学期成绩的一半。小组的整体分数即为每个人的最终成绩，个人不会被单独给分。你是一个很认真的学生，希望这门课能得"A"。可是分配给你们组的其中一个学生对于"优秀"的成绩并不感兴趣，也不愿意合作和参加小组会议。这个人是你系里的学生，你不是很熟悉也不经常见到。

情境四：教学评价

想象你是一名助教。每学期结束时，课程主任都会对你进行评价。这些评价将提交给学术研究部主任，会在提高绩效工资和分配工作表时被加以考虑。这个课程主任是和你整个学期都在一起工作的人，你们有着严格的工作关系。最后你获得了一个并不满意的评价，你认为这不公平，你也不明白原因。你一直希望获得绩效加薪和良好的工作日程安排。

组织沟通冲突测量工具的优势在于它将冲突管理从一种风格转变为一种战略概念。其目的在于摆脱冲突风格的方法，而将重点放在沟通行为和人际策略上。该工具同时能够评估语言和非语言策略，对情境影响也很敏感。

(三) 塞尔曼的人际谈判策略工具(INS)

为探究青少年在与同龄人和成年人进行互动时所使用的人际关系策略,哈佛大学教育心理学家罗伯特·塞尔曼(Robert L. Selman)等人基于社会认知发展理论,开发了人际谈判策略工具(the Interpersonal Negotiation Strategies,简称 INS),这是一种基于情景的结构化访谈方法,用于评估人际谈判策略。[①]

在过去半个世纪里,社会心理学领域对于社会性能力发展的社会认知基础及其与社会行为的关系表现出了强烈的兴趣。许多关于儿童和青少年社会认知的发展研究可以分为认知功能研究和认知结构研究。认知功能的研究主要集中在信息处理分析上,可以看作是水平方向的研究,即对解决人际关系问题过程中的各个阶段进行的分析,包括问题的识别、替代性策略的产生、处理后果的评估等。而认知结构的研究倾向于关注社会道德理解的"垂直"层面,包括对友谊的理解、自我理解以及对社会规则和习俗的认同等。

塞尔曼等人试图将结构和功能的方法结合起来处理社会性能力问题,为此开发了人际谈判策略工具 INS。

塞尔曼等人首先从认知结构发展的角度将青少年应对冲突的策略分为四个水平:

水平 0——主要是使用身体策略(例如,冲动的打斗或逃跑),缺乏与对方就特定问题的协调。

水平 1——体现个人对冲突的认识,会同时考虑双方的立场,但这些策略并不协调。因此,级别 1 的策略包括单向命令、断言或者相反做出简单而不具挑战性的让步(迁就于对方的感知需求和要求)。

水平 2——建立在与自己有重要关系的个体的互相理解的基础上,它从第二人称"你"的角度,通过互动来影响他人的观点、感受和行为,并反思和满足自己的需求。处于这一水平的人关注交换想法、口头说服他人、达成交易或建议使用其他行为,以保护谈判中自己的主观利益。

水平 3——类似于协作概念,需要考虑从第三人称视角来整合个人与其有重要关

---

① Selman R L, Beardslee W, Schultz L H, et al. Assessing adolescent interpersonal negotiation strategies: Toward the integration of structural and functional models [J]. Developmental psychology, 1986, 22(4): 450.

系的他人的利益。这些策略包括妥协、对话、过程分析和共同目标的制定。处于这一水平的人在关注解决眼前问题的同时,还关注人际关系的长期维系。

然后,他们确立了问题解决过程中的四个"信息处理问题",将这些认知功能要素渗透到上述的策略层次分析之中:

(1) 关于问题的界定:"这个案例的问题是什么? 为什么会有这个问题?"

该问题旨在考察主体如何框定困境中所描绘的个体之间的问题。策略层次表现为从只考虑个体的需要发展到认识彼此的利益需要。

(2) 关于行为的选择:"这个人和对方相处的好方法是什么?"

该问题的重点是考察在特定的情境下,个体采取的处理方式。其策略层次为从冲动的个人行动到选择明智地与其他人合作。

(3) 关于策略的理由和后果:"为什么这是一个好方法? 如果他/她那样做了,结果会怎样?"

该问题是指主体是否考虑,以及如何考虑所提出的解决方案的后果——是否只考虑自己,或是只考虑对方,还是说将两人的关系影响都会考虑进去。其策略层次为从仅关注个体或重要的另一方的直接后果,到对双方共同后果作更广泛的考虑。

(4) 关于情感的复杂性:"如果他那样做了,你认为他们会有什么感受?"

该问题的重点在于主体是否考虑所采取的行动对情感的影响。其策略层次从缺乏对一方或双方情感的关注,到能够体察一方或多方的复杂、多重的甚至是变化的情感表现。

INS访谈工具包含八个假想的困境,呈现了参与者和与其有着重要关系的其他人之间各种人际关系的不平衡。在访谈中每个困境都含有三个情境要素:(1)冲突对方和主人公的社会关系:对方是主人公重要的社会成员,包括成年人和同伴。(2)谈判的立场:主人公要么发起谈判,要么回应对方。(3)关系类型:人际关系涉及工作关系和个人关系。①

---

① Selman R L, Beardslee W, Schultz L H, et al. Assessing adolescent interpersonal negotiation strategies: Toward the integration of structural and functional models [J]. Developmental psychology, 1986, 22(4): 450.

人际谈判策略访谈

人们总是在学校、工作和家里遇到各种问题。每个人都必须找出解决这些问题的方法。我将给你们读一些案例,希望你们能告诉我一些处理这种情况的方法。对于这些问题没有正确或错误的答案,所以我只是想知道你认为的处理这种情况的最好方法是什么。

对于每个困境,访谈包括以下问题:

1. 这个案例的问题是什么?为什么会有这个问题?
2. 这个人和对方相处的好方法是什么?
3. 为什么这是一个好方法?如果他/她那样做了,结果会怎样?
4. 如果他那样做了,你认为他们会有什么感受?

困境1:额外工作/老板

约翰放学后在一家杂货店工作。他本来一个星期只应该工作10个小时,但是他的老板总是让他在星期五晚上的最后一刻加班。尽管老板付他加班费,约翰还是不喜欢在最后一刻被要求工作。

困境2:与他人/同伴约会

丹和他的女朋友一起出去约会。丹想和其他女孩出去,但他认为他的女朋友不会喜欢这样。

困境3:按时下班/和同事一起工作

鲍勃和凯斯放学后一起洗盘子。鲍勃需要在银行关门前提前下班去兑现他的支票。就在他要离开的时候,洗碗机里的水溢出来了,必须清理一下。

困境4:不去野餐/妈妈

乔的妈妈总是让他和她的朋友以及她朋友的女儿去野餐。乔根本不喜欢这个女孩,他也不想去。

困境5:烧烤/同行

迈克和彼得一起在一家快餐店工作。轮到迈克做他很喜欢做的烧烤,轮到彼得收拾垃圾。彼得说他的手臂酸痛,并要求迈克和他换工作,但迈克不想失去他烧烤的机会。

困境6：周五休息/老板

鲁斯放学后在一家自助餐厅做兼职。他想星期五晚上休息，但他知道他的老板不喜欢员工星期五晚上休息。

困境7：不想约会/同伴

艾德刚刚开始和女孩子们约会。一个他很熟悉的女孩邀请他出去，但他不想和她约会。

困境8：学校园游会/妈妈

一个女孩邀请汤姆去参加学校的园游会，汤姆对她说他要去。汤姆的妈妈不喜欢这个女孩，可能不想让他去。

就INS的8个模拟困境，塞尔曼等人制定了问题和相关评分标准[1]：

表7-4 INS问题和评分标准

信息处理问题	评分指标	分值
问题的界定	除了重申主角的行为，没有提到问题	0
	自我和他人之间的问题，那些被认为拥有最大权力的人的需求或欲望	1
	自我和他人之间的相互关系，关注的是两个人中有一个人有优先的需要，但另一个人的需要也具备有效性	2
	指考虑双方需要或想要的共同问题	3
采取的行动	身体的，或者无交流方式	0
	一种方式的指令或者要求	1
	相互沟通以平衡观点	2
	与他人的语言上的交流合作	3

---

[1] Selman R L, Beardslee W, Schultz L H, et al. Assessing adolescent interpersonal negotiation strategies: Toward the integration of structural and functional models [J]. Developmental psychology, 1986, 22(4): 450.

续 表

信息处理问题	评分指标	分值
策略的理由和后果	没有说明理由或预期后果	0
	自我保护的论辩	1
	不关注长期后果的关系或移情关注	2
	考虑对关系的长期影响	3
情感的复杂性	没有提及感受	0
	以一种自我保护、无差别的方式表达简单、单一的感受	1
	用移情的方式表达简单、单一的情感	2
	自我或他人表达出的复杂的、多重的或变化的情感	3

访谈结束之后,专业人员将根据问题解决过程中每个功能步骤的四个组成部分——问题的界定、采取的行动、策略的理由和后果以及情感的复杂性——分别为每个情境编码。然后依据给出的四个功能性问题及其相关的评分类别和数值,为学生的回答赋值,每个学生的访谈过程会产生32个分数(8个困境×4个问题)。一个学生单个功能性问题的得分为8个困境在该问题得分的平均值,同时,取四个功能性问题得分的平均值,获得INS的总分。

(四) 其他冲突解决测评工具

从不同角度来对冲突解决能力进行测量的工具还有很多。诸如麦克莱伦(Jock McClellan)基于哈佛谈判学理论而开发出来的"冲突解决问卷"(the Conflict Resolution Questionnaire,CRQ),用以考察学生解决冲突的创造性能力。[①] 可鲁克路(Nermin Koruklu)开发的冲突解决行为决定量表(the Conflict Resolution Behavior Determination Scale,简称CRBDS),是基于人际关系中积极互赖和消极互赖关系来确定中学生的冲突解决行为。托斯卡(Elena Tosca)开发的沟通技巧问卷(The Communication Skills Profile Questionnaire)旨在衡量管理领域中个人沟通技能的有效性。罗贝塔·海登伯克(Roberta Anna Heydenberk)和沃伦·海登伯克(Warren R. Heydenberk)在对学生进行冲突解决项目培训之后,使用元认知自我评估问卷

---

① Henning M. Evaluation of the conflict resolution questionnaire [D]. Auckland:Auckland University of Technology,2003:3-12.

(Meta-Cognition Self-Assessment Questionnaire),来测量学生的元认知能力是否提高。①

可以看出,对于冲突解决能力的一般测量工具都是针对冲突解决能力中的一个或几个要素(诸如冲突风格、态度、沟通技能等)进行测量。这些测评多集中在重视人际沟通的专业领域,如管理学、心理学,也涉及教育学领域。下文重点梳理和介绍专门针对中小学生冲突解决能力测评的研究。

二、以中小学生为对象的冲突解决能力测评研究

(一) 约翰逊兄弟的冲突解决教育有效性测评

美国明尼苏达大学的约翰逊兄弟(David W. Johnson 和 Roger T. Johnson)在社会互赖理论的基础上,建立了系统的冲突解决教育理论体系,形成一套可供操作的具体教学程序。他们开发的"教导学生成为和平缔造者"培训项目(Teaching Students To Be Peacemakers Program)是美国早期冲突解决教育项目之一,旨在训练学校里的每一个学生都能学会建设性地解决冲突,进而保障校园的安全与和平。在该项目实施评估的过程中,约翰逊兄弟使用了多种测评方法,其目的是确定中学生对冲突能否有正确认识,是否掌握通过谈判来建设性解决冲突的必要程序,以及能否运用谈判程序解决实际冲突。他们使用的测评工具有联想法、问卷调查、冲突模拟录像,以及冲突场景书面测量等方式。测评对象除学生本人之外,还包括教师、家长以及学生同伴。

1. 词语联想法

约翰逊等人在1995年开发的一个量表是"冲突对我来说意味着什么?"(What Does Conflict Mean to Me?),其目标是确定个人对冲突的态度。在这个测试中,学生们被要求写下提到"冲突"时,想到的第一个单词。然后,对这些词语按照积极(积极解决冲突)、消极(未解决或消极解决冲突)和中性(既不积极也不消极)分类。②

---

① Heydenberk R A, Heydenberk W R. Increasing meta-cognitive competence through conflict resolution [J]. Education and urban society. 2005,37(4): 431–452.
② Koruklu N. A Study on Developing the Revised Version of the "Conflict Resolution Behavior Determination" Scale (CRBDS) [J]. International Journal of Psycho-Educational Sciences. 2018,7(1): 142–155.

2. 运用冲突模拟录像谈判程序测评

通过研究学生的冲突报告,约翰逊发现学校里超过90%的冲突要么没有解决,要么以破坏性的方式解决。对冲突的公开谈判实际上是不存在的。[1] 他们认为之所以产生这样的现象是因为学生缺乏对建设性地管理冲突所需的程序的共同理解,以及对有效地使用这些程序所需的具体技能的掌握。在"教会学生成为和平缔造者"项目中,培训者重点教学生谈判和调解的程序与技巧,并将考查学生识记冲突程序以及运用谈判步骤的能力作为测评的重要内容。

以调解技能为例,培训者需要教学生以下调解程序(以"抢书引发的冲突"为例):[2]

(1) 描述你的需求。(我现在很想用这本书。)

(2) 描述你的感受。(我很沮丧。)

(3) 阐明自身立场以及陈述理由。(过去一小时你一直在用这本书,如果还拿不到这本书,我的报告就不能按时完成,等了这么久,我很难过。)

(4) 换位思考,陈述并理解对方立场。(我理解你的意思,你认为……)

(5) 寻找互惠互利的解决方案。(寻找三个可供选择的解决方案。)

(6) 达成一致的协议。(从以上三个选择方案中选择双方都赞同的最佳方案,握手言和。)

这一环节的测评使用冲突模拟录像的方式。测评者要求学生就给定的冲突情境进行现场模拟,并对其录像。然后根据6个测评点统计学生对谈判程序的掌握情况。六个测评点分别是:(1)陈述想法;(2)陈述感受;(3)陈述理由;(4)交换立场;(5)提出多种方案;(6)达成一致协议。然后为每一个步骤赋值,计算每个学生使用调解步骤的分数,评估每位学生对于调解程序的掌握情况。同时运用前后测方法,计算学生群体中使用具体某一步骤的人数百分比,对比和评估培训的效果。

---

[1] Johnson D W, Johnson R T, Dudley B. Effects of peer mediation training on elementary school students [J]. Mediation quarterly,1992,10(1):89-99.

[2] Johnson D W, Johnson R T. Reducing School Violence Through Conflict Resolution [M]. Alexandria, VA: Association for Supervision & Curriculum Development,1995:14,78.

表7-5 调解技能前后测统计表格

谈判步骤		培训之前		培训之后	
		N	%	N	%
1	陈述想法				
2	陈述感受				
3	陈述理由				
4	交换立场				
5	提出多种方案				
6	达成一致协议				

3. 冲突场景书面测量

冲突场景书面测量(Conflict Scenario Written Measure)是一种纸笔测试方式,它要求学生阅读两个没有得到解决的冲突案例。学生根据材料中关于冲突的描述,写一篇文章,阐述在既定的冲突情景中解决冲突的策略。

给定的两种冲突情景如下:[①]

(1) 轮流使用电脑引发的冲突

与同学的冲突:假设使用学校电脑的时间是被学校提前安排好的,这一天你使用电脑的时间是下午2点。可是,在这个时间段,你发现另一个学生亚历克斯,正在使用它。你解释说该轮到你了,但亚历克斯一直在玩电脑。如果你处于这种情况,你会怎么做?

(2) 与好友发生分歧引发的冲突

与朋友的冲突:假设你和你的朋友克里斯关系很好,相约每个周五晚上都要聚在一起。然而,有一天,你和他的想法发生了分歧。你想和克里斯出去参加一个聚会,认识其他人,但是克里斯邀请你去家里看电影。如果你处于这种情况,你会怎么做?

书面测评结束后,相关人员将用两种测评工具(建构性策略量表和冲突策略量表)

---

① Johnson D W, Johnson R T, Dudley B. Effects of peer mediation training on elementary school students [J]. Mediation quarterly, 1992, 10(1): 89-99.

对学生的书面作品进行编码。①

根据建设性策略量表(the Strategy Constructiveness Scale)对学生的反应进行分类。策略按最具破坏性(身体攻击)到最有建设性(全面谈判)进行等级排列并分配分数(参照表7-6)。

表7-6 建设性策略量表

策略等级	分数
不知道	0分
攻击	1分
威胁	2分
退出	3分
告诉老师	4分
命令/要求对方让步	5分
提出对方应该遵守的规范	6分
提出可供选择的方案	7分
最小限度的协商("我愿意协商")	8分
协商一致	9分
换位思考谈判("我会努力理解他/她的观点,通过谈判达成一个双方都喜欢的协议")	10分
充分的谈判(这个过程中的所有步骤都提到)	11分

同时按照冲突的参与者考虑的两个维度:实现目标和维持关系,将冲突策略分成五类,并分别编码:1=强迫,2=逃避,3=顺应,4=妥协,5=协商。对学生的策略行为进行赋值。

(二)运用争议性话题进行测评

塔斯马尼亚大学的菲尼(Melisah C. Feeney)和戴维森(John A. Davidson)为了测评学生的冲突解决能力,开发了12个社会争议性话题:在威灵顿山上建造缆车、延长

---

① Johnson D W, Johnson R, Dudley B, et al. The impact of conflict resolution training on middle school students [J]. The Journal of Social Psychology, 1997, 137(1): 11-21.

商店营业时间、强制学生会收费、死刑、国家公园门票、堕胎、猎鸭、大麻合法化、公共场所吸烟、大学学费、土著土地权利和安乐死。这些话题是由学生们针对最容易引发冲突的社会话题进行打分而筛选出来的。

对参与者进行测评的第一步是分组。所有参与者按照对争议性观点的同意程度(非常同意、同意、中立、不同意、非常不同意)对12个话题进行5分制的打分。然后根据学生的不同立场,进行配对分组。

之后,配对的两名学生进入测试房间,经过专业人员标准化的指导后,对争议性话题进行十分钟的讨论。当然每一个争议性话题都包含了任务的标准化说明以及与每个议题相关的信息。①

例如,关于大麻问题,说明如下:

政府目前正在考虑大麻是否应该合法化。你和你的同事是顾问委员会的成员,负责决定是否要将大麻合法化。你有十分钟的时间讨论这个问题,如果可能的话得出一个初步的建议。

测试人员会使用录像机将整个过程拍摄下来。结束之后,由专业评委根据录像对每个参与者的表现进行打分。评估从四个标准考虑:

1. 合作——考察学生实施合作还是忽视具有可能性的合作行为,例如学生中有人表达类似"让我们一起努力,尝试找到一个共同的解决方案"这样的说法,就可以认定他们有合作的倾向。

2. 恰当的自我辩护——恰当地维护自己的观点还是作攻击性的断言以及无法充分解释自己的观点。适当的自我辩论是可取的,因为它是参与者为了他们的潜在需求和关注而进行的必要的交流,但从自己的立场出发进行激烈地争论来表达自己对冲突问题的看法则是不被认可的行为。

3. 积极倾听——积极地倾听和承认对方,而不是忽视、打断和批评对方的观点。

4. 头脑风暴——集思广益讨论出尽可能多的创造性的选择方案,而不是只考虑最初的立场。

---

① Feeney M C, Davidson J A. Bridging the gap between the practical and the theoretical: An evaluation of a conflict resolution model [J]. Peace and Conflict, 1996, 2(3): 255-269.

5. 双赢结果——双赢的解决方案就是在解决冲突时兼顾双方的观点和关切。对这一标准的分析,可以直观说明之前冲突解决培训是否有效。

这一评估标准是基于冲突解决模型(The Conflict Resolution Model,简称 CRM)建立起来的。冲突解决模型旨在教授人们采取合作的方式来达到建设性地解决冲突的目的,该模型具体包括以下四个要素:(1)发展对双赢解决方案的期望(2)确定各方的利益(3)集思广益创造性选择(4)选择双赢的解决方案等。

(三) 冲突话语测量工具

冲突话语测量工具(Conflic talk)是为衡量青少年冲突解决话语风格设计而成,经常用于小学和初高中的校内同伴调解以及冲突解决项目的培训中,是一种识别和描述中小学生冲突管理风格的可靠手段。

在开发过程中,基姆西(William D. Kimsey)和富勒(Rex M. Fuller)以马斯和基尔曼的冲突解决风格为基础,区分了三种冲突类型:(1)对抗型,(2)协作型和(3)回避型。同时将"罗斯-德温的冲突管理话语风格"工具(The Ross-DeWine Conflict Management Message Style, CMMS)作为冲突谈话工具的原型,将量表中的成人话语转化为青少年冲突话语,并确立了三种话语类型:面向自我型、面向问题型和面向他人型。最终,形成由 18 条话语组成的冲突话语量表。

学生被要求在 1 到 5 的范围内给每条话语打分,"从来没有说过这样的话"到"几乎总是说这样的话"。之后统计总分来判断学生的冲突管理风格偏好,开发者还结合动物形象给予不同种类的冲突管理风格冠名:关注自我(犀牛型,rhino)、关注问题(海豚型,dolphin)和关注他人(鸵鸟型,ostrich)。[①]

表 7-7　Conflictalk——关于三种冲突管理风格的测评

	倾向	定义	话语类型	对应的冲突语言条目
海豚型	双赢取向	被定义为对冲突的原因表示关注,对寻找最佳解决方案感兴趣,并协同行动。	协作性	3、5、7、11、12、17

---

① Kimsey W D, Fuller R M. Conflictalk: An instrument for measuring youth and adolescent conflict management message styles [J]. Conflict Resolution Quarterly, 2003, 21(1): 69-78.

续 表

	倾向	定义	话语类型	对应的冲突语言条目
犀牛型	赢输、敌对倾向	被定义为以自我为中心,按自己的方式行事,行为激进。	对抗型	1、8、9、10、16、18
鸵鸟型	屈服、逃避倾向	被定义为认为冲突是不好的,希望他人快乐,行为被动。	回避型	2、4、6、13、14、15

Conflictalk 测评表[①]

1. 你不觉得你特别蠢吗?
2. 我不擅长这个,我只是不知道如何让你感觉好点。
3. 这是怎么了?我们得谈谈。
4. 我帮不了你,我不知道该说什么。
5. 我们需要解决这个问题。
6. 我希望我们能避免整件事的发生。
7. 让我们谈谈这个问题并找出答案。
8. 闭嘴!你错了!我不会听的。
9. 这是你的错!我也不会帮你的。
10. 你要照我的话去做,我要逼你这样做!
11. 如果我们一起努力,就会成功。
12. 我们会解决这个问题的。
13. 好吧,我放弃,随你的便。
14. 我不想再做这件事了,让我们放弃吧。
15. 这事不会有结果的,让我们把整件事都忘掉,好吗?
16. 如果你做不到,就忘了这件事,我去问别人。
17. 我们需要一起找出问题所在。
18. 你什么都做不了。别挡我的路,让我来做。

---

① Kimsey W D, Fuller R M. Conflictalk: An instrument for measuring youth and adolescent conflict management message styles [J]. Conflict Resolution Quarterly, 2003, 21(1): 69-78.

(四) 新墨西哥州争端中心学生冲突态度测评(SAAC)

为了帮助新墨西哥州争端中心(the New Mexico Center for Dispute Resolution)评估 1986—1987 学年在新墨西哥州开展的一项全州范围的冲突解决项目的效果,新墨西哥州大学的詹金斯(Jeffery Jenkins)和史密斯(Melinda Smith)开发了"学生冲突态度"测评工具(Student Attitudes About Conflict,简称 SAAC),以学生对冲突的态度作为衡量的标准,旨在描述学生对冲突的理解和态度。目前已被用于不同场合的学校项目,以测评冲突解决和同伴调解技巧教学的有效性。

这个项目的目的是教学生解决问题的技巧,并从以下七个方面进行评估:

1. 解决问题的知识途径;

2. 沟通技巧的发展;

3. 对待冲突和暴力的态度和行为;

4. 自我概念和个人观念的改善;

5. 同伴关系;

6. 与他人的依恋程度;

7. 参加学校的活动。

为了确保工具的有效性,设计者针对上面提到的七个领域,开发了 40 个评分项目,由冲突解决项目的培训师进行评估。这项调查是在 1 200 名四年级到十二年级的学生中进行的。

设计者发现四个潜在的因素,对应的四个组条目,然后确定为子量表。子量表有:

1. 学生对学校活动、环境或老师的依恋及/或承诺。

2. 学生自我概念及其与同龄人的关系。

3. 学生对冲突和问题解决的态度和方法。

4. 学生对其社会技能和社会关系能力的看法。

SAAC 的条目以李克特式四点计分的形式呈现,以"非常不同意"和"非常同意"为两极。下图显示了对应每个子量表的问题条目。[1]

---

[1] Jenkins J, Smith M, New Mexico Ctr for Dispute Resolution, et al. School mediation evaluation materials: Evaluation plan and instruments [M]. Albuquerque, NM: New Mexico Center for Dispute Resolution, 1995: 1-4.

表7-8 SAAC四个潜在因素与对立条目

子量表	条目数字	条目数量
1. 学校依恋	3,7,11,14,17,20,24,27,31	9
2. 自我概念	1,5,9,13,16,18,22,25,28,32	10
3. 冲突解决	4,8,12,15,21,23,30	7
4. 对社会技能的认知	2,6,19,26,29	5
总数		31

表7-9 学生冲突态度量表SAAC[①]

	量表条目	非常不同意	不同意	同意	非常同意
1	大多数时候我自我感觉很好。				
2	我是大家可以倾诉的对象。				
3	我喜欢学校,大部分时间都盼望着上学。				
4	问别人问题有助于弄清他们的感受。				
5	我的同学都喜欢和我做朋友。				
6	我总是和别人发生冲突。				
7	我喜欢看到老师在课堂上生气。				
8	如果我看到朋友们不高兴,我会设法让他们来解决这个问题。				
9	我和其他人相处得很好。				
10	人们一说话,我就很难集中注意力。				
11	我很不喜欢学校。				
12	有时候,一个人除了打架没有选择。				
13	要帮助有困难的人,你必须知道他们的感受。				
14	我想在学校取得好成绩。				

---

① Holmes E B. An evaluation of the effects of conflict resolution training on the attitudes and behavior of sixth-grade students at a public urban middle school [M]. Morgan State University, 2006: 132-134.

续 表

	量表条目	非常不同意	不同意	同意	非常同意
15	当和我在一起的孩子做坏事时,我通常会附和他们。				
16	学校里大多数人都喜欢我。				
17	向老师表达自己的感情是很困难的。				
18	至少有一件事是我很擅长的。				
19	如果有人惹我生气的时候我不打架,其他孩子会认为我害怕。				
20	我的老师真的很关心我。				
21	如果别人打了我,作为报复,我经常会还手。				
22	对我来说,向同龄的孩子解释事情很容易。				
23	打架是解决问题的好方法。				
24	我喜欢参加学校的活动。				
25	我很擅长帮助人们解决问题。				
26	如果我试图阻止一场打架,其他孩子会觉得我很奇怪。				
27	我喜欢帮助老师。				
28	我很愿意和别人在一起。				
29	大多数人都不知道我真的喜欢什么。				
30	我试着把问题说出来而不是打架。				
31	老师认为我造成了很多麻烦。				
32	我对其他人很好。				

三、学生冲突解决能力测评框架建构

通过上述对于冲突解决能力测评的回顾,可以发现,对于该能力的测评可以从不同维度进行。综上,对于冲突解决能力的测评可以依据以下测评框架。

表 7-10 冲突解决能力测评框架

维度	冲突解决能力构成	测量量表
态度	正确认识冲突是生活中很自然的一部分,是成长的工具。 非暴力解决冲突。 宽以待人。 同情弱者。 帮助别人解决冲突要公平、诚实、正义。 接纳他人与你的不同,尊重多样性。 理性、自信地对待争议,同时尊重他人。 双赢思维。	"学生对冲突的态度"(Student Attitudes About Conflict, SAAC)
技能	交流技能: 1. 语言沟通 有清楚表达自己的感受、情绪、立场和意愿的能力,使对方理解。 倾听,准确理解对方的能力。 尽量使用中性词,勿用带有攻击性或感情色彩的词汇。 学会向对方表达自我情感。 2. 非语言沟通 眼神交流。 适当的鼓励(用嗯、是、对等回应)。 身体姿势:点头、身体前倾、手势等。 选择适当的冲突策略的技能: 1. 冲突策略的选择要结合当时的情境以及事件的性质。 2. 结合自己的应对冲突的风格。 3. 考虑自己与对方的关系。 谈判技能: 1. 掌握谈判的流程和技巧。 2. 头脑风暴,共同探索寻找替代性解决方案。 调解技能: 1. 掌握调解的流程和技巧。 2. 洞察争议双方潜在的需求,帮助寻找促成双方合作的机会。	沟通技巧问卷(The Communication Skills Profile Questionnaire) 托马斯-基尔曼冲突风格工具(Thomas-Kilmann Conflict Mode Instrument,简称 TKI) 人际谈判策略工具(the Interpersonal Negotiation Strategies,简称 INS) 约翰逊的冲突场景书面测量
知识	1. 了解什么是冲突,包括冲突的本质、类型和起源。 2. 了解什么是偏见,知道偏见的来源,以及识别偏见的方法。 3. 了解解决冲突的五种策略及其优缺点。 4. 了解有关谈判的知识,以及谈判者的角色特征。 5. 了解有关调解的知识,以及调解者的角色特征。 6. 对自我有清晰的认识(包括自己的喜好、偏见以及谈判风格等)。	可采用纸笔测验

总的来说,冲突解决能力包含态度、技能和知识三个部分。学生对于冲突解决的态度可以运用相关态度测评方法,比如"学生对冲突的态度"量表(SAAC),以及约翰逊等人用的"联想法"。对于技能的测评又可以细分成对不同技能的测评,例如对于沟

通技能的测评,可以用沟通技巧问卷,对于谈判策略的测评可以用托马斯-基尔曼冲突风格工具(TKI)、"Conflictalk"等,对于谈判技能的测评可以用约翰逊的冲突模拟录像等。

当然冲突解决能力本身也是复杂多变的,对于冲突解决能力的测评还应跟踪测量学生在学习和培训冲突解决之后的一段时间,他们的冲突解决技能是否还能维持不变,以及他们是否能将解决冲突的能力迁移到社会生活中去,真正发挥其效用。由于冲突解决教育在国内还处于起步阶段,对于冲突解决能力的测评需要在未来时间里做进一步理论和实践的探索。

(程 力)

第八章　指向核心素养的教学设计

通过第一章对核心素养内涵的梳理,我们已经知道,核心素养是面对复杂的、不确定的现实生活情境时,将所学知识和技能与当下情境建立灵活关联的能力,是解决问题时综合性品质的体现;核心素养是一种具有情境性、发展性、开放性的高阶能力。研究发现,这种高阶能力必须通过复杂情境中基于问题解决的深度学习才能得以发展。为此专家们呼吁课堂要为培育核心素养而进行转型,从学习环境、教材处理、课时安排,到教学活动、课堂话语、教学评价,再到师生关系、座位排列,都要进行更科学的、细致而严谨的规划与设计。学习科学为此提供了充分的理论论据和实验证明。但是,具体到一门学科的教学,设计怎样的情境才能有助于核心素养的培育,如何在有限的课时内让学生进行充分的讨论、调查和反复尝试问题解决,教师在实践中还会遇到很多困难、困惑,也存在误区。本章结合笔者的研究思考与实践探索,为道德与法治学科的课堂转型提出若干策略。

一、核心素养发展的条件和机制
(一)情境认知与学习理论的主张

根据对核心素养内涵的各种阐释,我们可以用情境性与迁移性作为关键词来概括核心素养的特征。情境性表示核心素养是在解决真实情境中的问题时表现出来的品质,迁移性表示核心素养是将一个情境中所学知识迁移到新情境中解决问题的高阶能力。

关于核心素养的情境性,张良和靳玉乐做了如下阐释:(1)核心素养蕴含强烈的情境属性,并非脱离情境的实体。核心素养作为情境性的知识运用能力,是个体认知、非认知资源与情境交互的产物;(2)核心素养的知识基础应具有情境迁移性,唯有基于情境建构的知识才具有迁移性;(3)核心素养的发展路径应体现在情境性的知识运用实践上。(4)核心素养的外在表现是知识运用的情境性副产品。据此他们提出核心素养的发展路径:从情境中来——旨在联结概念化知识与非概念化经验,为个体得以调动知识提供情境基础;到情境中去——指向学科知识与生活情境的一体化,为个体运用知识解决问题提供情境基础。[1]

崔允漷指出:"指向核心素养的学习是深度学习,学习内容是蕴含意义的任务,即真实情境的问题解决;教学过程表现为高投入、高认知、高表现的学习;学习评价为真实情境下的问题解决、完成任务的表现。"[2]

由此可知,情境就是包含真实问题、复杂关系的生活世界,生活世界中的问题和关系远比学校的实际学习环境更加复杂,这种复杂性从我们在课堂上掌握的知识常常不能迁移到真实世界中解决问题得到证明。强调情境性就是强调真实性,就是强调能解决真实世界问题的素养。那么核心素养为什么要在解决真实问题的情境中培养?建构主义的学习本质论与学习科学的众多实验研究为揭示核心素养与情境的关系提供了论据,尤其是认知心理学家布朗、柯林斯等人和人类学家莱夫等人的情境认知与学习理论,深刻改变了人们对课程与教学的固有认识。

情境认知和学习理论认为,知识是活动、情境和文化的一部分,知识在不同场合下使用,会呈现不同的理解,知识是在活动中不断被应用而发展的。[3] 他们把概念性知识看作一整套工具,概念性知识与工具一样具有这样一些相同的特征:"在现实生活中,人们总是积极地使用工具,而不仅仅是获取工具,人们在使用工具的同时,不断构建对于世界和工具自身丰富内涵的理解。学习使用一种工具,除了解某些确定的规则外,更重要的是要了解工具使用的场合和条件,后者直接来自使用这一工具的某一共

---

[1] 张良,靳玉乐.核心素养的发展需要怎样的教学认识论?——基于情境认知理论的勾画[J].教育研究与实验,2019(05):32-37.
[2] 崔允漷.指向学科核心素养的教学即让学科教育"回家"[J].基础教育课程,2019(2):5—9.
[3] Brown J S,Collins A, et al. Situated cognition and the culture of learning [J]. Educational researcher 1989:32-42.

同体的活动情境,共同体逐渐积累的独特的洞察力以及共同体的文化。因为,正是该共同体及他们的共同信念决定了工具的用途。"① 因此,情境认知理论主张将学习置于知识产生的特定的物理或社会情境中,更要求学习者参与真正的文化实践。这样学生才可以认识到各种不同的概念和事实在何种情况(条件)下是有用的。而传统课堂中传授给学生的知识因脱离情境而常常无法得到应用,从而变成惰性知识。

根据情境认知与学习理论及多项实验室的研究结果,多诺万(M. Suzzane Donovan)和布兰斯福德(John D. Bransford)等人进一步提出了真实性学习模式。他们将真实性学习作为一种教学方法,定义为"允许学生在涉及真实世界的、与学习者关联的问题和项目的情境中进行探索、讨论和有意义地建构概念和关系。"② 并根据众多实验室研究归纳了真实性学习的十个特征:(1)学习聚焦于学生感兴趣的真实任务;(2)学生参与探究;(3)学习经常是跨学科的;(4)学习与课堂之外的世界密切相连;(5)学生介入到复杂任务中,运用高阶思维技能,如分析、综合、设计、操作和评价信息;(6)学生产出产品,可以与课堂之外的受众分享;(7)学习是由学生驱动的,教师、家长和外部专家在学习过程中提供帮助和指导;(8)学习者运用脚手架技术;(9)学习者有机会进行社会对话;(10)有充分的资源。③ 当今在教育领域如火如荼的项目化学习,很大程度上是受到这一真实性学习模式的影响。

研究发现,真实性学习有助于解决学习积极性的不足、知识与实践脱离的问题,特别有助于培养这样一些能力:(1)判断力:区分可靠信息与不可靠信息;(2)耐久力:进行较长时间的论证;(3)综合能力:识别不熟悉境脉中相关的资源;(4)灵活地进行跨学科、跨文化工作的能力:产生革新性的解决方案。④

---

① 高文.情境学习与情境认知[J].教育发展研究,2001(08):30—35.
② Donovan M S, Bransford J D, Pellegrino J W(eds.). *How people learn: Bridging research and practice* [M]. Washington DC: National Academics Press. 1999.
③ 转引自郑太年.真实学习:意义、特征、挑战与设计[J]远程教育杂志,2011(2):89-94.
④ Jenkins H, Clinton K, Purushotma R, Robinson A J, Weigel M. *Confronting the challenges of participatory culture: Media education for the 21st century* [EB/OL]. Chicago, IL: The MacArthur Foundation. (2011 - 01 - 22)[2021 - 11 - 22] http://www. digitallearning. macfound. orgsitec. enJLKQNlFiG/b. 2108773appsnl/content2. asp? contentid =％ 7BCD911571-0240-4714-A93B-1D0C07C7B6C1％7D.

(二) 知识迁移与大概念教学

有关知识迁移机制的研究进一步说明了知识的情境性。布兰斯福德等人认为，"学校教育的最终目标是要帮助学生把从学校所学的知识迁移到家庭、社区和工作场所等日常场景。既然任务间的迁移有赖于迁移和学习经验之间的相似性，那么促进从学校向其他场景迁移的重要策略，就是要更好地了解学生必须面对的非学校环境"。① 根据任务相似程度的不同，珀金斯(David Perkins)等区分了两种迁移：低通路迁移和高通路迁移。前者发生在新任务与原任务相似时，也就是完成任务的条件和环境相似，其路径是形成"具体到具体"之间的简单关联，类似学校的"刷题"的效果，学生可以熟练地将课堂学习的知识运用到相似问题的解决中去，从而获得成功。高通路迁移发生在新任务与原任务不相似时，其路径是从具体到抽象再到具体的过程，能够形成复杂的认知结构，建立原情境所学知识与新情境的灵活关联。研究表明"当一个科目在单一而非复合情境中传授时，情境间的迁移就相当困难。当一个科目在复合情境中传授(包括列举广泛应用所教知识的例子)时，人们更有可能抽象出概念的特征，形成弹性的知识表征"②。研究者通过比较专家和新手的差异，发现专家的知识是围绕大概念来组织的，同时专家的知识常常嵌入在具体情境中。③ 因此，专家能将知识灵活地迁移到新情境的问题解决中。

由此，他们提出学校课程和教学要以大概念为统领进行组织。大概念的"大"指具有生活价值，有广泛的适用范围，形式包括概念、观念和论题，通常表现为一个有用的概念(concept)、主题、有争议的结论或观点、反论、理论、基本假设、反复出现的问题、理解和原则，可以表现为一个词、一个短语、一个句子或者一个问题。大概念是理解的核心，理解(understanding)是实现高通路迁移的路径。

刘徽将大概念课程教学设计与传统课程教学设计进行了区分，④传统课程教学设

---

① 约翰·D·布兰思福特,安·L·布朗,罗德尼·R·科金,等. 人是如何学习的——大脑、心理、经验及学校[M]. 程可拉,孙亚玲,王旭卿,译. 上海：华东师范大学出版社,2002：75.
② 约翰·D·布兰思福特,L·布朗,罗德尼·R·科金,等. 人是如何学习的——大脑、心理、经验及学校[M]. 程可拉,孙亚玲,王旭卿,上海：华东师范大学出版社,2002：65.
③ 约翰·D·布兰思福特,L·布朗,罗德尼·R·科金,等. 人是如何学习的——大脑、心理、经验及学校[M]. 程可拉,孙亚玲,王旭卿,上海：华东师范大学出版社,2002：43.
④ 刘徽. 大概念教学[J]. 上海教育,2020(11)：26—27.

计表现为一种线性的逻辑(图8-1),把复杂而综合的内容和任务逐级分解为较简单或细小的内容和目标,或者说原子化的知识,再逐个设计一课时的学习任务和活动,每个原子化知识都限于在短时间内掌握,无法将知识与更多情境建立关联。这种线性的课程教学设计给学生的往往是碎片化的知识,难以让学生建立知识间的多重关联以及知识与情境的关联,只能通过习题操练进行低通路迁移,解决不了新情境中的新问题。

以大概念为统领的课程教学表现为迭代的设计逻辑(图8-2),具有拓展性的结构,它是用一个有挑战性(容易出错的)、有意义的任务启动学习,让学生围绕一个大概念形成具有长期意义的学习任务序列,在尝试错误中,在认识的反复动摇中,使学习和概念不断得到深化。为此,大概念教学必然是有多课时构成的大单元教学。

图8-1 传线性的课程设计逻辑

图8-2 迭代的课程设计逻辑

二、道德与法治课单元教学设计策略

根据前述理论,道德与法治课要开展指向核心素养的教学,就要对课堂教学进行转型,开展基于真实情境的、以大概念为主线的单元教学,使一个单元成为一个完整的包含多种关系和问题的故事。

依据上述理论来看,当前各地中小学在道德与法治学科推出的大单元教学案例、大概念教学案例大多缺乏真实世界应有的复杂性,也就是情境缺乏足够的真实性;教学过程缺乏迭代性;学生探究缺乏持续性。例如涉及到爱国的学习内容,教师一般都会列举爱国和不爱国的正反事例以解释什么是爱国,课堂上,学生无一例外地批判那些由教师呈现出来的不爱国的行为,赞赏英雄模范的爱国行为。但是在特定情境中,人们在处理个人利益和国家利益的关系时,会出现引起争议的行为。例如,疫情期间在国外感染病毒的留学生要回国是否是一个不爱国的行为,社会上有不同的看法。这里反映了人们对爱国主义的不同理解。课堂如果回避这样的现象和问题,停留于学生在课堂上对简单情境中的是非进行判断,学生对爱国的理解就会停留于肤浅的水平,经不起生活的考验,无助于他们构建国家认同,也无法培养他们解决冲突的能力。

但是,很多教师会质疑基于情境的大概念教学、大单元教学在中国实施的可行性。中国的学校教育呈现出教材、进度、考试的高度统一,而且学生成绩关系着教师的晋升、荣誉和待遇,教科书又并非按大单元设计思路编写,在这样的背景下,开展大单元教学对教师而言无疑是有风险、有难度的。推进基于真实情境的大单元教学,既需要教师具有执着信念和创新精神,更需要学科教育专家对单元主题(任务、问题)、教学资源和教学策略的研究与开发。

笔者认为,道德与法治学科的推进应基于真实境情的大单元教学,可以从三个层面逐步推进,第一,教师先学会至少一节课的逆向教学设计,对传统课型进行翻转;第二,研究者和教师合作开发能促进深度学习、高通路迁移的典型的教学材料和问题情境;第三、创建合作对话的学习共同体。

(一) 运用逆向设计思路

格兰特·威金斯(Grant Wiggins)所提出的逆向设计法为大单元教学提供了学科通用的设计思路:先明确预期学习成果——让学生解决什么问题或完成什么任务;再确定恰当的评估办法——如何证明学生能够解决某类问题,掌握了解决问题所需的知识、技能和态度等;再规划相关教学过程,即设计层层递进的活动和支架,包括教师的提问、情境和材料呈现、学生的阅读、调查、讨论、体验、创作等探索活动。这个逆向设计可以适用一课时的教学设计,教师可以先从改变一节课的教学起步。在既有教科书未按大概念教学理念编写的情况下,教师的逆向教学设计可以逐步升级:从一课时一个大概念(俗称"一课一例"),到3—4课时一个大概念,再到5课时以上一个大概念的更大单元的教学设计。

以初中道德与法治课统编教材九年级上册中的《行使权利有界限》一框节内容为例,逆向设计可以这样做:

(1)确定要解决的问题:确定议题"权利遭侵害而协商不成时,是否可以采取更激烈的手段维权",目标为"学生了解行使权利的界限,能够运用法律思维对维权方法作出价值判断。"

（2）确定恰当的评估方法：设定高铁霸座情境，让学生就"对不讲理的高铁霸座人是否可以进行人肉搜索"作出价值判断，考察其判断的理由是否能从出行权、隐私权等多种角度出发，运用多部法律法规，解释权利行使的边界，并提出若干合法的维权途径。

（3）规划教学过程：两位同学模拟扮演高铁霸座场景，引出议题；小组讨论，各自形成初步观点和理由；全班分享观点和理由，展开辩论；阅读教师提供的相关法律文件和类似案例，修正观点，补充论据；撰写博文。

在学会一课时的逆向设计后，教师可以超越 1 课时的局限，设计 2 课时的教学活动，在第二课时，就"乘客在地铁上饮食弄脏邻座衣物遭邻座暴打致残事件"，让学生展开辩论，就如何解决地铁饮食现象，进行角色扮演。通过这种迭代的设计，促进学生将"行使权利的界限"这一观念及相关知识和技能迁移到新情境中，从而丰富他们对相关知识的理解，增强知识的迁移。

随着要解决的问题、完成的任务即概念的适用范围逐步扩大，教师可以通过创设更复杂的情境，包含更多关系和利益冲突，让学生通过学习更多法律知识和法治思维技能，提高依法维权的能力。

逆向设计在道德与法治学科可以归纳为这样一种课堂教学程序：教师呈现内涵问题的情境——学生产生疑问、表达看法，并暴露认识上的差异和不足——师生共同从众多疑问中提炼关键问题——学生就各自的问题解决方案展开讨论或辩论，同时学习新知——改变想法，改进问题方案——斟酌方案，产生新问题——再度讨论和学习——深化认识，细化方案，增强方案的可行性——产生更高级的新问题……

（二）开发教学材料与创设问题情境

有研究发现"个体处在一个赋予学习以意义的情境中时，学习就会得到促进"。[①] 基于情境的大概念教学，要求教师根据课程标准和教科书规定的内容和主题，在真实世界中挖掘需要运用和期望学生掌握的知识和技能来解释的现象及解决的问

---

① 安德烈·焦尔当.学习的本质.杭零译.上海：华东师范大学出版社，2017：140.

题,让学生发现学习的意义,产生学习的动机,使其成为有教育价值的教和学的材料。设计好的问题情境和议题,就要去开发好的教学材料(teaching material)。教学材料可以简称为"教材",这里的教材涵义要大于教科书,教科书是一种权威性的结构化的教材。为区别于教科书,本书使用"教学材料"这一概念,类似于通常所说的"课程(教学)资源"。但"资源"是一类东西的集合,课堂中具体使用的那种一份一份教学材料不能叫做教学资源。

可以成为教学材料的东西有很多,电影、小说、新闻报道、真实事件等都可以成为有教育意义的材料,但是在它们成为教学材料之前,只能叫做素材,素材成为教学材料是需要进行筛选和加工的。对于选用什么素材,如何加工素材,日本社会科教育学者、教材开发专家有田和正提出了在日本非常有影响力的理论和技术。他认为教材就是"将看不见的社会,用某种看得见的形式具体显现出来的材料"。教材要真正成为教材,其本身必须能引发学生对它的兴趣,并且能促动学生持续地探究它。只有当学生们遇到素材后,受到震动,一心想着"诶!这是怎么回事?""这个好奇怪啊!"等问题,并开始为探究而行动的时候,这个素材才成为对学生来说是有意义的教材。[1] 关于"教材开发",有田认为其目的应该是为了引发学生的问题意识,动摇他们原有的简单的思维方式,激发他们的探究热情,提升他们的思想认识。从这一目的出发,他认为:"教材开发,就是指对那些在学生周围无限存在的素材,通过转换视角,重组内容,改变顺序等等方式进行加工,使学生能从中产生问题,激发起探究的热情。就是让学生带着新鲜感、惊奇感重新去认识那些每天发生在我们身边的熟视无睹的事物,那些我们似乎每天看到而实际上又没留意的事物。"评价教材开发的成功与否,应该根据"开发的教材在多大程度上动摇了学生原有的知识或经验,在重建学生的这些知识和经验的时候它发挥了多大的作用"[2]这样的视角来进行判断。

有田的教材观和教材开发理念完全符合大概念教学的志趣。笔者结合我国国情,将好教材(好情境)的构成要素归纳为三点:(1)内含矛盾、冲突、困惑、纠结(与现实问

---

[1] 有田和正. 我的教材研究[M]. 沈晓敏,译//市川博. 社会科的使命与魅力——日本社会科教育文选. 北京:教育科学出版社,2004:168—169.
[2] 有田和正. 我的教材研究[M]. 沈晓敏,译//市川博. 社会科的使命与魅力——日本社会科教育文选. 北京:教育科学出版社,2004:169—170.

题关联);(2)似曾相识、熟视无睹(和学生经验关联);(3)内嵌期望学生掌握的、逼近学科本质的知识(与课程内容关联)。

教材开发有两种路径,一种是从教学内容出发挖掘素材,一种是从素材出发联系教学内容。但多数时候,开发者是在两种路径之间往返。

教材开发有两类主体:一类是以教师为主体的教材开发,旨在推进针对特定学生的教学。一类是以研究者为主体的教材开发,旨在为整个学科教学贡献经过检验的且具有一定普适性的教材,并丰富教材理论。学科教育研究者的教材开发必须经过严格的询证过程,至少应该包含五个步骤。

第一,对素材本体的研究。具体而言是对素材所反映的事物的性质、规律规则、事物与事物的关系等进行研究,也就是弄清素材所反映的事情的来龙去脉。

第二,挖掘素材中的教育价值。从教育学的角度,尤其是从德育学科课程育人目标的角度,分析素材内涵的教育价值,或赋予其教育价值,包括学生与这份材料交互作用后,能否产生学习兴趣,能否有助于领悟某些道理,发展某些能力等。

第三,加工素材,使其成为有教育价值的材料。

第四,用教材实施教学,验证教材的育人价值所在。

第五,反思和改进教材和教学。

为推进基于情境的大概念教学,思政类学科研究者要投入更多精力去开发教学材料,便于忙碌的教师用这些经过验证的材料进行情境创设或再创。

(三) 培育合作对话的学习共同体

教学材料的开发和问题情境的创设,只是为基于情境的大概念教学的实施准备了条件,搭建了学生可以开展探究活动的平台。但是知识的建构、问题的解决还要通过以学生为中心的对话与合作来实现。如果教师把学生引导到问题情境中后,教学过程还是以教师独白或师生一问一答的方式为主,缺乏学生之间的充分对话与合作,那么他们仍不能实现深度学习、高通路迁移。建构主义理论揭示学习是一种社会协商,学习就是与他人对质,学习就是论辩。与他人对质也是一种解决问题的途径。研究发现:"在表达了各自的概念之后,学习者会意识到彼此之间的差异。他们必须努力论证,以维护自己的立场、反对别人的观点。对于学习者来说,了解到并不是所有人都和自己观点一致,是一个重大发现。仅仅对质本身就可以赋予一个活动以意义,让学习者产生研究兴趣。"①而且,这种对质和论辩可以促进学生对知识的建构和迁移,并使推理能力得到发展。因为每个学习者都带着自己的经验进入新知识的学习,每个人的经验都是独特的,同时也存在局限性和偏狭。通过充分的对话与合作,他们会发现自己的不足和错误,在他人的质疑、反驳中反思自己思维的漏洞、经验的偏狭,在沟通与合作中弥补自身缺陷,纠正认识,也为共同体的进步作出自己的贡献。而且,教师呈现的情境和学生个体能经历的情境都是有限的,通过对话可以增加情境的多样性,丰富情境的细节,从而使学生有机会接触到更多不相似的情境,促进高通路迁移。

在课堂中形成对话的氛围,有赖学校日常的班级文化建设。创建一个合作与对话的学习共同体,形成相互信赖、相互倾听、民主对话、互帮互学的课堂文化,以对话代替独白,是开展大概念教学的必要条件。为此,班主任和任课教师要尽早地培育崇尚对话的班级文化,并建立一套师生共同遵守的课堂话语规则,这种规则可以增加对班集体的认同。课堂话语规则,至少要包含以下几个方面:

尊重原则:你可以针对他人的观点提出反对意见,但是在反对时,我们批判的是他人的观点,不是他人本身,所以不要发表不尊重他人、有人身攻击倾向的言论。

回应原则:你在发言的时候,需要先回应上一位同学的观点,你可以表示赞同,也可以表示反对,但是不能不谈及刚刚同学的观点就展开自己的讨论。教师可以通过这样的话语来引导学生回应:"对于他的观点,你们怎么看?""你们同意他的观点吗?""谁有跟他不同的观点和理由?""你想反驳他的观点吗?"也可以让发言的同学邀请下一位同学来点评自己的观点和理由。由此避免学生自说自话,造成观点和问题的同质化。

证据原则:发表观点的时候,你要尽量做到有理有据,尽量使用论点和论据来证明自己的观点。

反证原则:这是针对教师而言的原则。当学生不能提出进一步疑问或解释,对话出现僵局时,教师不是直接纠正,而是出示支持相反观点的证据,用以下引导语启发学生:"可是还存在这样的情况,你怎么解释?""有人与你的想法不一样,你觉得他的想法对不对?他的观点在什么情况下成立?"让学生对自己的观点进行反思,自己发现自己

---

① 安德烈·焦尔当.学习的本质[M].杭零,译.上海:华东师范大学出版社,2017:141.

思维的漏洞和局限性,或者论据的不足,从而修正自己的观点或寻找更有说服力的论据。

有不少教师会抱怨在课堂上开展这样的对话缺乏效率,影响教学进度,因为现有课时不允许给学生更多时间进行讨论。这样的想法一方面可能没有理解大概念教学的意义,未理解逆向教学设计的原理;二是未找到能将知识嵌入问题情境中的教学材料,没有将课本知识与现实生活建立生动的联系;三是由于没有创建起对话协商的共同体。只要从这三个方面进行突破,道德与法治课一定能够走向基于问题情境、以大概念为线索的大单元教学。

三、课例:生命健康的保障——指向道德判断与冲突解决的教学设计

本课例以"如何保障更多人的生命健康"为议题,围绕法与情、拯救生命与保护知识产权、救助少数绝症患者与保障全民生命健康之间的冲突,让学生展开6课时的探讨,在树立学生尊重生命的价值观念,培养依法维护全民生命健康的态度和能力的过程中,增强道德判断能力和冲突解决能力,同时也增进学生的身份认同。

本课例源于笔者在2018年7月观看的电影《我不是药神》,发现该电影蕴含丰富的道德与法治课教学素材,尤其是与生命主题密切相关的素材。2019年4月笔者找到上海一所愿意合作开展大单元教学实验的初中开展合作,该初中已经开展了将近十年的基于学习共同体理念的课堂改革,已有合作对话的一些基础。笔者团队以《我不是药神》为素材,以生命教育为主题,设计了基于问题的情境、以大概念为线索的教学单元。该单元与统编教材《道德与法治》七年级上册第四单元"生命的思考"部分有关联。实验时间共9课时:6课时+1课时测验+2课时再评估(2周后)。实验课实施对象为七年级两个班级,7(2)班上完第一节课后,研究团队和教师立即进行集体讨论和反思,修改教案,在隔天后的7(1)班上第二轮,以此类推。7(2)班授课时间为周一、周三上午,7(1)班授课时间为周三下午、周五。

研究团队按照前述教学材料开发步骤对《我不是药神》这部电影进行教材化处理,运用逆向设计原理设计教学目标、评价方法与教学活动。

(一)素材的本体研究

教材开发先要分析素材中含有哪些教育价值,分析它揭示了什么现象和问题,可

以引发学生什么样的思考和学习,理解这些现象与解决这些问题需要哪些专业知识,与学科知识有什么关联。

《我不是药神》这部电影的故事原型是发生在2014年的一个真实案件"陆勇案",电影中主人公名为程勇。电影讲述了这样一个故事:一个生活窘迫的中年人程勇,为白血病患者代购中国禁止的印度仿制药,这个仿制药要比原研药便宜10倍。靠代购假药赚钱的程勇一度停止了代购,但后来因看到买不到便宜药的患者痛苦死去的样子,重操旧业,但以比原研药成本价更便宜的价格给患者提供印度仿制药。程勇的行为拯救了很多患者的生命,因而被称为"药神",但他还是因卖假药罪而被拘捕、判刑。电影结尾程勇获减刑,提前出狱,此后我国开始将一部分高价抗癌药纳入医保。

这部电影被称为中国版达拉斯买家俱乐部(Dallas Buyers Club,2013年美国电视剧),获得了30.7亿票房和中国最高级别的电影奖以及国际电影奖。更重要的是,电影引起政府部门的关注,推动了高价药纳入医保的进程和中国医疗保障制度的改革。《我不是药神》于2018年7月上映后引起全社会的热议,激发了全社会对抗癌药药价、药品管理制度、医保制度、司法理念、原研药价格和仿制药的讨论,出现了众多关于原研药研发、药企知识产权、印度仿制药生产等等的专业论文,内容也涉及我国众多法律法规,引发了相关讨论。

我们理清上述相关信息,编辑成了近3万字的文字材料。

(二) 挖掘材料的教育价值

基于上述材料的研读,可以发现这部电影在四个方面体现出了它所具有的教育价值。

1. 反映"生命至上"这一人类普遍的价值观,与生命教育的目标相一致。

《我不是药神》以抗癌药为题材,讲述了白血病人和家属不惜一切代价与死神抗争,以及社会其他身份的人(陆勇、警官和法官以及电影编导)对他们寄予同情和支持的故事。这部电影的主人公被减刑且提早释放的结局以及这部电影的主人公原型陆勇被撤销起诉的结果,传递了中国司法的原则和宗旨:"以人为本,保障人权",公民的最大权利是生命健康权,司法的宗旨是体现"保障人权"[1]。这与中国道德与法治教科

---

[1] 我不是药神的来源,放走"药神"的检察官:"三年前,不起诉陆勇的决定是我做的!"[EB/OL]. http://www.soohooo.com/zixum/64819.html.

书提出的"生命至上"观念相一致,也符合人类共同的价值观。电影诠释了"生命至上"的内涵,传递这样的理念:生命健康权是公民最大的权利,这也是人类社会普遍的价值观。2015年联合国《可持续发展目标》(SDGs)中,将"良好健康与福祉"设为第三个目标。因此,它可以作为生命健康教育的教材。

2. 触及了与生命健康相关的法治知识,与法治教育的目标相一致。

这部电影涉及诸多与生命健康相关的法律知识与司法的价值观。如:禁止生产和销售仿制药的依据——药品专利权(知识产权),禁止销售和购买假药的依据——药品管理法,为程勇减刑(原型陆勇被撤销起诉)的依据——司法的原则和宗旨:"以人为本,保障人权",即公民的最大权利是生命健康权,司法的宗旨是体现"保障人权"。《道德与法治》八年级下册将"人权"问题纳入了第一单元第一课,明确提出"尊重和保障人权成为我国的宪法原则","是现代法治国家立法活动的基本要求"。

3. 揭示了保障生命健康的多重矛盾冲突和复杂困境,需要运用包括道德判断在内的批判性思维来解决问题,围绕道德困境展开辩论有助于发展道德判断能力和冲突解决能力。电影隐含的冲突包括:

● 病人与药企的利益冲突:病人希望药价便宜得以治病活命,药企希望取得高额回报,以收回研发成本,投入新药研发。

● 主人公的道德冲突:一方面是个人利益的维护,一方面是病人求生的渴望。

● 执法者的价值冲突(法与情的冲突):一方面执法者必须维护药企合法权益、维护社会秩序,另一方面执法者不能冷眼旁观癌症病人无药可救。

● 个人-国家-国际之间的冲突:个体治病救命的迫切性,政府维护国家利益(医药市场秩序、医药产业保护),政府遵守国际公约、维护国际形象的需要。(印度以贫困人口多为理由可以无视药品专利权研制仿制药,为什么中国不能?)

● 部分癌症病人与更多普通病人的冲突:高价抗癌药纳入医保,医保将无力担负更多普通患者的医药费。其他普通患者将要被迫多缴纳几倍的医保额度——保障生命健康的公平性问题。

4. 该电影所反映的现象和问题具有现实性和普遍性,既与学生当下的生活密切相关——"自己和家人的生命健康是否可以始终得到保障,如何可以得到保障"这样的问题始终潜在于他们的生命中;也与他们今后长久的社会生活紧密相连——"如何看待社会保障制度的改革"、"如何参与健康保障活动和社会慈善事业"是每个学生走向社会都不可回避的问题。这部电影呈现的民生问题,既能引发社会极大的反响,也能引发学生的探究热情,具有丰富的激发学习动机的资源。

(三) 确定目标和议题

基于上述分析和对学情的调查,根据学生的前知识和前经验,确定总议题(大概念)、分议题、总目标和评估方法。

【总议题】:如何保障更多人的生命健康?

【分议题】(课时议题):

1. 程勇值不值得冒违法之风险为慢粒白血病患者代购印度仿制药?

2. 为了患者的生命健康,我国是否可以允许印度仿制药的进口,牺牲药企的利益?

3. 原研药的药价贵得是否合理?

4. 你认为药企是否应该降低原研药的价格,给更多患者带来健康和生存的希望?

5. 能否能让更多高价抗癌药纳入医保?

测验:还有什么途径和方法可以解决高药价的难题呢?从长远来看,解决吃不起药的问题,什么才是最根本的?

这些议题旨在帮助学生建立丰富的心智模式,从多种角度考察国家、社会和个人为保障生命健康所做的努力,并提出还存在的问题,据此思考自己作为社会公民可以为解决这些问题发挥的作用。

【单元总目标】

① 认识到生命的珍贵,珍爱生命,关注贫困群体生命健康权保障问题,体会其心境,同情其处境,愿意为他们提供帮助。

② 了解我国医药发展和医疗保险制度的特点与本课题,了解国际国内相关法律法规,关心我国的医疗保障体制的改革,思考自己对保障自己和他人的生命健康可以发挥的作用。

③ 了解制药企业的利益,公共医疗资源的有限性,能从患者立场、药企立场、公共立场等多种立场出发,进行道德判断和批判性思考,能有理有据地论证观点,通过对话协商,探索创造性解决问题的方案。

【教学评估】

评估包括形成性评价和终结性评价。形成性评价与每个议题的讨论和探究结合，根据以下学习活动和作业的表现评估学生的学习和发展：(1)课堂辩论中学生的发言情况及其观点论据和推理；(2)请求法院释放程勇的陈情书和为药商辩护的博文。

终结性评估：围绕议题"在合理合法的前提下，如何保障每个人的生命健康？你可以做些什么？"撰写提案。

两周后评估：为考察学习成果的可持续性和可迁移性，再次开展辩论，辩题为"假如你是曹警官，对违法的病人，是放还是抓？"，并围绕议题"如果你是曹警官，你会站在情这一边还是法这一边"书面建构自我对话。

（四）加工素材

确定课堂上有必要呈现给学生的电影片段和播放时机，帮助学生在有限的时间内，了解事件发生的原委，引发学习兴趣和疑问。围绕议题，研究团队将《我不是药神》做了剪辑，精选11个视频片段，在课堂里重点播放，以引出全班学生共同探讨的问题。另外，围绕这部电影的公共讨论，媒体上产生了大量有关原研药和仿制药的关系、药企知识产权的保护、医保制度的改革、司法的基本理念等的文章，这些文章站在病患、药企、司法等不同角度思考本事件，阅读这些文章有助于学生站在不同角度认识事件，因此把它们作为辅助性教材。辅助教材还包括药品相关法律、访谈、博文，以及医保相关的数据等，它们作为学生解决问题的支架，也是小的锚，也具有引发学生疑惑的作用。最后形成的材料共计17份，近1.8万字，其中《谁是真正的药神？——从诺华格列卫研发历史谈起》一文近3千3百字。这些材料在1班使用后，进行调整、修改、补充后，再给2班使用。

由于学校表示学生的学业负担很重，不能给他们布置课外作业，所以团队没有把培养学生自主收集整理资料列为目标。学生探究问题可能需要的材料，都由研究人员收集和编辑，经教师再修改后提供给学生自主学习。关于这个过程，研究者主要关注学生能否从中寻找支持自己观点的证据。

（五）设计并实施教学，验证教材的教育价值

该单元共六课时，每课时的教案由教师根据单元总方案设计样案，再经过研究团队与执教老师的多次磨合后确定。实验在初中七年级两个班级施教。两班人数接近，生源接近,道德与法治课教师相同,教学材料和教学基本流程相同,分组方式相同(四人一组、共六组)。不同点有:教师先在2班授课,改进教案后在1班授课;2班以教师讲授为主,学生讨论时教师按传统的方式进行干预;1班事先进行辩论规则的指导,辩论以学生为主,教师少干预,辩论时学生使用姓名牌展示立场观点。

(六)成效与反思

研究团队在实验中、实验后观察了两个班级学生在六节课中的变化,并收集了形成性评价和终结性评价的数据(学生撰写的呈情书、博客、提案和自我辩论)。实验后对不同学业水平、不同学习态度的学生(每班7名)以及执教教师进行了访谈,通过观察和数据分析,发现由于实施教学方案的方式有所不同,两个班学生既有相同的进步和问题,也表现出较大的差异。

第一,学习兴趣方面。两个班学生总体上对教材和议题都充满学习热情。特别是2班,到第五第六节课结束,能达到全体学生都参与发言的课堂表现水平。很多学生下课铃响后还留下来不愿意离开教室,继续表达自己的看法或向老师提出疑问。但2班学生中,有四分之一学生参与讨论的积极性不足,三分之一学生书面作业完成度不够。在接受访谈的14名(每班7名)学生中,2班有三分之一学生表示对所讨论的问题和学习的内容非常感兴趣,希望道德与法治课能继续用这种方式上课,而1班的7名学生均表示上课收获很大,讨论的问题很有意义,希望以后的课能继续开展这样的讨论。

第二,寻找证据方面。相比1班学生,2班学生会主动要求教师发材料,并能耐心阅读长篇材料,从材料中寻找论据阐述观点。6节课的知识吸收量和吸收能力超过日常课堂。执教老师在课后访谈中表示,课前不相信学生能在课堂上耐心阅读完一篇3千多字的专业文章,对于学生的潜力感到惊讶。

第三,对话能力方面。参加实验的学生能较快适应辩论的规则,在最后一次教师完全不干预的自由辩论中,发言学生都能做到在回应上一位同学发言的基础上表达观点,并出示证据支持自己的观点。当有同学没有说明理由时,会有学生要求说明理由。当辩论游离主题时,会有同学相互提醒,把辩论拉回整体。

第四,道德判断方面。研究团队将第二课时讨论"程勇值不值得冒违法之风险为慢粒白血病患者代购印度仿制药"和实验结束两周后的辩论"如果你是曹警官,你会站在情这一边还是法这一边"中出现的理由进行了对比,发现学生的道德判断能力获得很大程度的提高。第二课时,大多数学生停留于"生命最重要"或"法律规定就必须遵守"的单一思维,按科尔伯格的道德发展阶段论,属于习俗水平阶段。但到最后,大多数学生能超越习俗水平,从个人的价值、尊严和权利来说明情大于法或是法大于情。即使同样说明守法重要,学生能从法律的本质和价值来思考保护生命的重要性,但后期,学生却能从生命平等的角度、少数人生命与多数人生命的关系、一般情况与特殊情况的角度来思考一些问题,如"法律不只保护个人的利益,也保护更多人的利益""如果个个都卖假药那社会秩序不就乱了吗,还需要法律干嘛""法律是死的,人是活的,不能因为法律就让那么多病人死去""如果法大于情,那(法律)有漏洞该怎么办呢""有人会发现并改变它,所有人都致力于让法律变得更规范"等。虽然有些表达还存在偏颇,表述不够严谨,但仍然是非常大的进步。此外,学生运用课上所掌握的知识,对个体生命、全体成员生命、药企利益、国家制度等进行价值的比较和权衡,如"国家已经对此制定出了很多解决方法,如一块钱保险和诺华公司的'全球患者援助计划'等,这些方法能解决问题,为什么还要去犯法呢""贫困家庭患者只需要支付1/4的价格""许多病人买不起原研药只能买仿制药,这种药便宜,效果是80%""虽然中国早就已经实施了进口药零关税,还把它们列入了医保,不存在买得起还是买不起的问题,但是我还是站在法这一边",等等,学生表现出了一定的论证能力,体现出高通路迁移水平。(其中4个学生参加的"构建自我辩论"见附录2)。

在冲突解决方面,研究团队从最后的提案和自我辩论中,可以看到学生努力在情(拯救生命)与法(遵守法律)的矛盾冲突中寻找问题解决方案,如改进医保制度,发展慈善事业,进行社会互助,锻炼身体减少疾病,努力工作摆脱贫穷,发展经济提高科技实力等等,体现了寻求共赢的冲突解决理念。从中还能看到学生的同理心、共情能力和法治意识,以及积极参与制度建设的公民意识,而这些都有助于身份认同的建构。

由于学校课时受限和期末考试的压力,研究团队无法完全实施预设的计划。也由于执教教师未完全摆脱独白式教学的习惯,再加上学生年龄偏小,无法全面理解一些社会现象和国家制度,教学过程无法顾及所有学生,学生在核心素养上的发展水平存在很大差异。大单元教学的真正落实并产生成效还需要学校整个课程设计、教学安排的改革,以及整个教育评价制度的改进。

附录2：构建自我辩论(学生成果案例)

上一节课我们就《我不是药神》这个课题展开了精彩的辩论。辩论的议题是：如果你是曹警官，你会站在情这一边还是法这一边。

现在，我们邀请你构建一个两名优秀辩手间的辩论对话，从"情"和"法"两方面来说明理由。请注意，你构建的对话需要展示两名优秀辩手的水平，尽量做到双方旗鼓相当。你可以使用课上发的材料来证明观点，你可以谈及辩论赛中双方表达的观点，也可以开辟新的论点。请在40分钟内完成。

班级：<u>七(2)</u>　姓名：<u>JZ</u>　日期：<u>2019.6.24</u>

情	中国有几十万人得这个病，所以站在情的这一边，要把他们放了
法	不能放，虽然有很多人得了这个病，但也不能钻法律的空子
情	这些不是人命吗！如果不放，就眼睁睁地看着他们去死吗？
法	不是不去救，但不能触犯法律，在法律的框架下才能更好地去救他们
情	法律也是由人民制定出来的，没有情哪来的法律，没有了人民哪来的法律
法	正因为法律是人民制定出的，所以里面也已经包括了情，所以法律大于情
情	正版药的价格实在太贵，大多数人吃不起，所以我们应该放过他们，难道我们不会生病吗
法	国家对此已制定了很多解决方法，如一块钱保险和诺华公司的"全球患者援助计划"等，这些方法能解决问题，为什么还要去犯法呢？
情	可还是有很多人一开始就吃不起那些药，这些方法根本帮助不了他们
法	贫困家庭患者只需要支付1/4的价格
情	但这些药价还是会打破他们美好而又平静的生活，所以应该放
法	举一个例子，有很多人还是吃不起药，因此他们杀人、抢劫，难道因为他可怜，就可以随意触犯法律吗？照你这方法，根本解决不了问题，只会出现更多的事情，所以不能放纵他们，法律不只保护人的利益，也保护更多的人
注意：你需要完成以上的回合。如果你想继续构建对话，可继续补充(可加页)	
情	好，现在我赞同法大于情
法	但我觉得法和情一样都很重要

班级：__七(2)__ 姓名：__HJ__ 日期：__2019.6.24__

（略）

情	陆勇虽然售卖了假药,但他的价格比正版药药价便宜得多
法	他的药价虽然便宜,但他售卖假药就是犯罪了
情	因为他的药便宜所以使很多患病的穷人有药吃,让他们有了活的希望
法	但是他售卖假药是对制药公司不负责,药价贵是因为人家制药公司研制出这种药需要很大的成本而且又需要盈利去研制别的药,假药不但是对病人没有保障,而且对医药公司是侵权
情	那法律是人民制定的如果没有人民哪来的法律,生命的利益大于一切
法	那电影中陆勇还是被判刑了,并坐了牢
情	一码归一码,他虽然被判了刑,但他最后还是被减刑并提前释放
法	如果个个都卖假药那社会秩序不就乱了吗,还需要法律干嘛
情	他救了许多病人
法	法律面前人人平等
情	人命关天
法	但没了法律也不行

班级：__七(1)__ 姓名：__YJ__ 日期：__2019.6.24__

情	我认为情这边比较合理
法	我认为法这边比较合理
情	我认为情这边比较合理,因为病人买不起原药,只能买仿制药,还便宜
法	仿制药在我国是假药
情	我认为法律是死的,人是活的,不能因为法律就让那么多病人死去
法	法律是人制定的,法律是既有法又有情
情	在特殊情况下,可以卖仿制药
法	但特殊情况并不是每种药都这样
情	但许多病人买不起原研药只能买仿制药,这种药便宜,效果是80%
法	有道理
情	我们赢了
法	你们赢了,为你们鼓掌

班级：__七(1)__ 姓名：__CK__ 日期：__2019.6.24__

情	程勇是为了那些病人才去走私印度药的,所以我会站在情这里
法	即使他是为了病人,但他依然违反了法律,走私了印度药,何况电影中的局长也说过"我们是执法者,我们要坚决站在法律这一边",所以我站在法这一边
情	即使法大于情,但是他挽救了许多人的生命,高昂的医药费谁负担得起
法	虽然中国早就已经实施了进口药零关税,还把它们列入了医保,不存在买得起还是买不起的问题,所以我还是站在法这一边
情	即使不存在买得起还是买不起的问题,程勇的心是好的
法	如果情大于法,那法律还有什么作用呢
情	法律是为了保护人而存在的,你这就违反了法律的初衷
法	根据刚才的例子,法律已经对穷人做出了妥协,引起了富人的不满,而且从刚刚开始你就一直抓着药品价格不放
情	好吧,那我想问问你,如果法大于情,那有漏洞该怎么办呢
法	有人会发现并改变它,所有人都致力于让法律变得更规范
情	我认为还是应当轻判
法	法律也并非不讲理,我们会根据实施情况,来给他减刑或免刑
注意：你需要完成以上的回合。如果你想继续构建对话,可继续补充(可加页)	
情	好吧

四、课例：我是谁——指向身份认同的教学设计

本课例源自本研究团队承担的项目"义务教育课程创新的中西融合路径实践研究（道德与法治学科）"。该项目于 2020 年 6 月启动,与上海市某小学合作,至 2021 年 6 月,开展了一个学年的道德与法治学科大单元教学实验。实验选择该校四年级的三个班级的学生以及这三个班级的道德与法治学科教师（兼这三个班级的班主任）为实施对象,采用教师与研究者合作开发的教学设计策略,实际教学则由三名教师分别在各自的班级实施,研究者进行随堂观察和记录。一学年中,在三个班级总共实施 17 次实验课,其中教师 A 和教师 B 各实施 6 次,教师 C 实施 5 次。在实施顺序上,采用以下策略：同一课内容,某位教师先实施,课后研究者与教师进行研讨反思,对教案进行修

正,然后再由后一名教师实施,再研讨修正,再由第三名教师实施。教师C与前两名教师实施次数的差异,也正是研究团队研讨后决定对某一子单元内容进行缩减的结果。

(一)目标框架设计依据:身份认同的重要意义和发展规律

本项目将这一学年的大单元实验课主题定为"我是谁",并将其分为以下四个子课题:认识自己、身份、规则、成长,依次实施教学。其中,"认识自己"包含2—3课时,"身份"、"规则"、"成长"各包含1课时。

本书第二章已经介绍了身份认同在基础教育中的重要意义:一方面积极的身份认同保障个体的健康、群体的和谐、社会的良好运作,同时,青少年阶段是身份认同形成的关键阶段;另一方面,身份认同教育也是中国学生发展核心素养以及立德树人教育目标的重要的有机组成部分。而当前的道德与法治教材、课程设计等,未将身份认同整体有意识地作为教育目标,相关的教学目标往往在缺乏身份认同教育整体规划的情况下,直接进行国家认同、政治认同等的教学。但多项研究都证明,少年儿童的积极的自我认同,是其形成良好的道德观念、社会性、以及各种特定身份认同的必要条件,各种特定身份认同和自我认同是无法分割的整体。本研究认为,可以整合现有课标和教材中的内容,依据少年儿童身份认同的形成规律,以"我是谁"为主题,以身份认同为线索对其进行补充、优化和重构,引入对思想实验或真实案例的讨论,可以让学生了解自身的特点及与他人的异同,知晓自己身份的来源及相应需承担的责任和享受的权利等,引导学生形成积极的身份认同。

表8-1 各子单元教学目标设计和其中融入的身份认同教育

子单元主题	教学目标	对身份认同的作用
认识自己	● 探索认识自己的途径,了解人具有哪些属性 ● 发现自身与他人相较之下的独特之处和共同点 ● 认识自身与他人的异同会带来什么问题,又带来什么益处	社会身份认同形成来源于人认识自我后进行的自我归类 同时认识自身特点、进行自我反思也是形成积极自我认同的关键途径
身份	● 了解自身具有的身份以及社会上存在着哪些类型的身份 ● 了解这些身份的来源,这些身份与学生身边的哪些社会关系有关 ● 发现每个人的身份都是多元的 ● 了解各类身份所对应的责任和权利	以上一课题学生认识自我与他人的异同为基础,以各类特定社会身份为线索,让学生思考人应该如何根据相应的身份进行作为。该部分教育目标对应身份认同理论中的身份承诺和身份突显的相关内容

续 表

子单元主题	教学目标	对身份认同的作用
规则	● 了解规则对个体和集体有什么作用 ● 引导学生认识规则和自由的关系 ● 思考什么样的规则是好规则	结合上一课学习的身份相关内容,关注身份所对应的规则、身份和规则、规则和规则相互冲突的情况,从而让学生对为什么要遵守规则有更深刻的认识。
成长	● 认识自己身上发生的变化 ● 探讨怎样衡量一个人的成长 ● 理解成长意味着什么,需要怎样的付出,会有怎样的回报 ● 思考成长的本质,建立终身学习的观念	让学生意识到身份是持续变化的,深入自身,对未来有一定的期待和规划

(二)教学方案设计依据:对话式教学论、情境认知和学习论

从身份认同的定义及相关研究可以看出,身份认同不是一种知识、也不是一种技能,而是通过个人经历所形成的一种状态、一种素养。因此不同于其他学科知识,身份认同完全无法通过知识灌输、重复记忆而习得。本项目的大单元设计以对积极身份认同的引导为目标,必须采用不同于学科知识传授或技能培养的方式进行,因此教学方案设计注重引导学生通过对话反思自我,思考与身份相关的社会关系——这正是对身份认同理论中所说的"探索"这一过程的引导和助力。在这一探索过程中,学生对自身的现状、自身的可能性进行探索,逐步认识到自身在社会中所处的位置和可能实现的价值,并了解自身为此应当采取的行动,逐步对自己的身份认同做出承诺。

因此,针对身份认同教育的特点,本项目的课程设计主要从两方面参考了相关理论。首先,在教学方法上参考了对话式教学理念。研究证明,学生在课堂上与教师、同学进行对话和辩论,尤其是对有争议的公共问题进行开放的讨论时,能同时增进学生的思辨能力、社交技能、话语表达以及对所讨论话题的深度理解。因此,本项目实验课采取先由教师提供少量基础知识和探索问题,再引导学生基于此开展课堂对话和讨论的方式组织教学活动。其次,在讨论素材选择上参考了情境认知理论。如前文所说,情境认知理论在教学设计上的应用,意味着从真实世界中挖掘现象和问题,并进行加工,使之成为有教育价值的材料。因此,本项目一方面从真实社会事件、学生真实的校园和家庭生活中挖掘与单元主题有关案例;另一方面,为了全面覆盖教学目标,研究团队还创设了部分逼真的情境,这部分情境以尽量真实、具有值得探讨的冲突或真实性

的任务为原则,以使学生能设身处地进行思考并进行对话。见表8-2:

表8-2 子单元主题与其对应的情境概括与议题

子单元主题	情境概括	议题
认识自己	在校外遇到穿自己学校校服的陌生学生,上前攀谈	发现自己和他人的异同
	学校游园会岗位分工	讨论差异和共同点的作用
	根据爱好组建兴趣小组	讨论差异和共同点的作用
身份	公交司机在生命最后一刻安全停车	身份和责任的关系
	父母的要求我觉得不合理,如何处理	如何处理身份冲突
	父母加班导致我上课迟到	如何处理身份冲突
	父母把工作的情绪带到家庭中,如何劝说	如何处理身份冲突
	在跨民族骑行团队作自我介绍,骑行团队进入少数民族村庄	人有着多元的身份,对应着从身边人到国家、世界范围内的社会关系
规则	自由岛:一个不需要遵守任何规则的地方(思想实验,非真实情境)	规则的来源,为什么要遵守规则
	光盘行动	为什么要遵守规则
	疫情中的规则	为什么要遵守规则?规则与身份的关系
	班规的制订和修正	规则是如何制定的,什么样的规则是好规则
成长	巨婴现象	人的成长何时停止
	想象三十年后的自己	变成自己想成为的人,需要做哪些努力为什么要成长?是什么使我们成长成长带来什么礼物成长中的烦恼,如何处理如何选择成长的方向

(三)效果评价与反思:身份认同教育对核心素养培育的支持

本项目课程设计的主要目标是引导学生构建积极的身份认同,同时也包含了对学生道德判断能力、冲突解决能力、相关的社会责任意识、自我表达能力、社交技巧、创造力、批判性思维等方面的培养。这些包括身份认同在内的素养和技能对于《中国学生发展核心素养》中的若干项有着重要的推进作用。对具有争议的社会性话题进行讨论,对真实情境中的任务进行思考,有助于培养学生的科学精神(理性思维、勇于探究)、学习精神(乐学善学、勤于反思)和实践创新能力(问题解决)。对学生身份认同的引导有益于学生的健康生活(健全人格、自我管理),对特定社会身份、规则以及相关的矛盾冲突的探讨有助于培养学生的责任担当(社会责任、国家认同、国际理解)。本项目实施一年后,结合课堂观察、学生问卷和教师访谈,对预期教学效果进行初步评价:学生问卷包含30项,选项为"非常同意、同意、不确定、不同意、非常不同意",以5分法计分,共回收75份问卷;教师访谈采用半结构化访谈、焦点小组访谈的方式进行,受访者为实施实验课的三名教师以及该小学分管教学科研的管理层教师。由于社会责任、健全人格、自我管理与身份认同内容关系紧密,且均与道德与法治学科有教学内容相关,因此归为一类。科学精神、学习精神、实践创新则不局限于道德与法治学科教学内容,指向普遍性的学习和实践能力,因此归为另一类。以下从这两个方面对教学效果进行简要分析。

从课程实施的总体效果来说,学生和教师均反映了较高的满意度,绝大部分学生认为"实验课让我有所收获"(平均分4.8)、"我对实验课的话题和主题感兴趣"(平均分4.7)、"这样的上课方式很有趣"(平均分4.7);教师们则表示"对学生的提升效果很明显"、"学生有让人眼前一亮的表现"。在身份认同和责任担当方面,绝大部分学生认为实验课让自己了解了自己和他人的特点(平均分4.6),了解社会运作的规则和公民责任(平均分4.5),更了解自己的国家和国际关系(平均分4.6)。此外,学生的社交技能、语言表达能力等也有一定提升:"我能很好地表达自己的观点"平均得分4.6,"我能充分参与课堂讨论"平均得分4.7,"我能仔细倾听并理解同学的发言"平均得分4.6。科学精神、学习精神、实践创新能力等方面的教学效果基本令人满意,但相较于身份认同和社会责任方面效果并不显著:指向问题解决的"在生活中遇到相关问题会想到课上所学并尝试解决"平均得分4.3,指向理性思维、乐学善学的"实验课让我理解了一些抽象概念"平均得分4.5、"对课堂上的案例有想法"平均得分4.6、"对实验课的主题和话题有想法"平均得分4.5;指向勇于探究、勤于反思的"课后会自己做进一步思考""课后会与同学进行讨论""课后会与家长进行讨论""课后我会产生新的疑问"分别得分4.5、4.3、4.2、4,尤其是反映批判质疑能力、反思倾向的"课后我会产生新的疑问"得分较低。教师访谈不同于学生问卷,呈现出了教学效果的总体情况。访谈中,教师提到的一些个案呈现出了在个别学生身上或个别事件中较为突出的教学效果:如一些性格较为内向的学生开始有了自信,能够更好地进行自我表达,开始建立更积极的自我认同;如某班男女生之间发生冲突和对立,教师结合单元教学中有关认识自己和成长的内容进行了成功的引导和调解;在"规则"一课实施后,针对违反班规引发的冲突,学生能够做到相互体谅对方的难处,更能做到配合教师的调解工作;在"成长"这课实施后,学生能更好地应对期末迎考期间的压力。

综上,本项目的道德与法治学科"认识自己"大单元教学设计,在学生身份认同以及以身份认同为必要基础的社会交往、社会责任等方面取得了很好的效果。值得反思的是,在促进学生对问题进行反思、自主探究方面的效果不够显著。可能的原因一方面来自于教师在对话引导方面的经验不足,另一方面来自于实验课本身在实施的时间跨度上的局限性。如何更好地结合身份认同教育、道德判断力培养和批判性思维的训练,以达到学生能够在实践中解决问题、化解冲突的目标,需要进行进一步的理论研究和实验探索。

(沈晓敏　赵孟仲)